Coleção Vértice
41

PENSAR POR CONTA PRÓPRIA

ENRIQUE MONASTERIO

PENSAR POR CONTA PRÓPRIA

2ª edição

Tradução e adaptação
Élcio de Oliveira Lima

São Paulo
2022

Título original
Pensar por libre

Copyright © 2000 by Enrique Monasterio
e Ediciones Palabra, S.A., Madrid

Capa
Gabriela Haeitmann

Dados Internacionais de Catalogação na Publicação (CIP)
(Câmara Brasileira do Livro, SP, Brasil)

Monasterio, Enrique

Pensar por conta própria / Enrique Monasterio; tradução e adaptação de Élcio de Oliveira Lima. – 2a. ed. – São Paulo : Quadrante, 2022.

Título original: *Pensar por libre*.
ISBN: 978-85-54991-99-9

1. Catequese – Igreja Católica 2. Espiritualidade 3. Liberdade – Aspectos religiosos – Cristianismo 4. Pensamento religioso I. Título

22-118665   CDD-261.72

Índice para catálogo sistemático:
1. Liberdade : Cristianismo 261.72

Aline Graziele Benitez - Bibliotecária - CRB-1/3129

Todos os direitos reservados a
QUADRANTE EDITORA
Rua Bernardo da Veiga, 47 - Tel.: 3873-2270
CEP 01252-020 - São Paulo - SP
www.quadrante.com.br / atendimento@quadrante.com.br

Sumário

Apresentação 7

1. O irresistível aroma do irracional 13
   Eu sou de escorpião, e você? 15
   Deuses, bezerros e cordeirinhos 23
   Crer em alguma coisa 31

2. Uma virtude com prestígio 37
   Mentiroso? Eu? 39
   O assassino de Chapeuzinho Vermelho 43
   Vocabulário prático para nos enganarmos a nós mesmos sem perder a compostura 47
   Um morto bem saudável 51
   A síndrome do corcunda 55

3. Consciência com ciência 61
   O homem e o seu manual de instruções 65
   Consciência com óculos 71
   A cerebrofagia 79
   O «gostismo» moral 87
   Eu não me escandalizo de nada 95
   Coçar-se e outros prazeres 101
   Sofrer para quê? 107

4. A bolsa de valores morais 113
   As virtudes no mercado 115
   Sexo com decimais 119
   A sujeira, espelho da alma 123
   A corrupção bem entendida começa por cada um ... 127

O homem ensimesmado 131
Como aprender a esforçar-se sem esforço 135

5. A língua 139
Elogio do palavrão (até certo ponto) 141
Os culpados são os extraterrestres 145
Amigos 149

6. A alegria, um sintoma suspeito 153
«Isto não é sério». E daí? 155
Mostruário de agoureiros 159
«Eu passo» 163
A última que morre 167
As jujubas 171
...e foram felizes para sempre comendo hambúrgueres
  com ketchup 175

7. Alguma coisa sobre a família 179
Divórcio obrigatório e indissolúvel 181
A família *light* 185

8. Pensar por conta própria 191
Ideias em oferta 193
Em meia lauda 197
As audaciosas opiniões de Jotaefe 201

9. Fundo de baú 205
Como passar umas férias realmente terríveis 207
A mesa-redonda de Mariemma 211
Confissões de uma estátua 215
O ténis 219

Apresentação

A culpa foi de Rosa Maria Navarro, que em outubro de 1992 me propôs colaborar em Mundo Cristiano[1]. Ela achava – não sei por quê – que eu seria capaz de escrever todos os meses sobre questões de doutrina sem entediar demais os leitores. Concordei e pus-me a martelar o teclado, sem muita esperança de oferecer algum contributo transcendente à cultura universal.

Pouco depois, alguns leitores, que tiveram a inesperada amabilidade de escrever-me, coincidiam em afirmar que a minha seção era particularmente agradável para a gente jovem. Essa foi a minha primeira surpresa, uma vez que nunca tive a pretensão de me dirigir especificamente a uma determinada faixa etária. De qualquer forma, é bem provável que esse primeiro diagnóstico tenha condicionado os temas, a letra e a música dos sucessivos artigos que foram saindo.

Rosa Maria deixou a direção da revista um ano depois e foi substituída por Jorge Molinero. «É agora que me põem

---

(1) Revista mensal madrilena, publicada por Ediciones Palabra (N. do E.).

para fora», pensei com certo alívio. Mas não foi o que aconteceu. Limitaram-se a alterar a disposição da página e a pedir-me que desse um nome à seção.

Não tive que refletir muito. Respondi que a chamaríamos Pensar por conta própria. *Isso porque "pensar por conta própria» era já nessa época o projeto de uma pequena obra ou mesmo de um folheto dirigido aos jovens que me rondava a cabeça e que continua guardado, se não quase esquecido, na frágil memória do computador.*

Pareceu-me um bom título, porque correspondia àquilo que já havia começado a fazer. Sem grandes pretensões, procurava desmascarar chavões, olhar com olho crítico as imposições da moda ou da ideologia em voga, convidando os leitores a refletir por conta próprio. Recristianizar – pensava eu na época, tal como hoje – significa, entre outras coisas, despertar o espírito livre que em muita gente se encontra em estado de letargia, e apertar os parafusos de alguns cérebros desregulados.

Há uns meses, ao ler o título da seção, um amigo comentou-me com certo ar de gozação:

– Quer dizer que agora você vai ser um padre livre-pensador?

Respondi-lhe, completamente a sério, que a palavra livre--pensador não me desagradava nem um pouco, ainda que no passado tivesse tido conotações anticlericais e sectárias. Chego até a gostar dela, porque, do modo como andam as coisas, vai-se tornando cada vez mais difícil raciocinar com autêntica independência de critério, sem se deixar teleguiar por um Poder que cada dia se torna mais sufocante e patrulhador, principalmente no terreno das ideias.

Num dos artigos reunidos neste livro, aludo a essa tentação totalitária do Poder, que pretende uniformizar cérebros e consciências, e que, infelizmente, cada dia dispõe de mais meios para consegui-lo. Neste sentido, a fé é um antídoto eficaz, porque não só não prende nem condiciona o pensamento, antes pelo contrário o torna mais livre e lhe permite voar mais longe, sem medo dos tabus intelectuais que cada época histórica e cada ideologia se encarregam de semear no nosso caminho.

Não disse Jesus Cristo que a verdade nos faz livres? Escrever a partir da fé não é pôr travas dogmáticas à inteligência, mas enriquecê-la com uma luz que vem do alto, e que ensina a descobrir a terceira dimensão de um mundo aparentemente plano e aflitivo[2]*.*

Escrever a partir da fé significa também – pelo menos, é como eu o vejo – abrir-se um pouco mais[3]*; é reservar a paixão e a gravidade para alguns poucos assuntos relevantes, e abrirse num sorriso largo diante dos demais. Significa, portanto, escrever com bom humor – que aliás está ao alcance de todos (já o sentido do humor é «farinha de outro saco") – e olhar com carinho aquele que nos interpela, mesmo que este não o faça com igual afeto.*

Sirva tudo o que acabo de dizer para me justificar diante dos leitores que não sintonizem com o ar de brincadeira que se respira em boa parte deste livro. Penso que o tom desenfadado que o permeia não se choca com a seriedade de fundo da maioria dos assuntos. Em todo o caso, essa leve

---

(2) *São Josemaria Escrivá exprimia-o assim num dos seus livros mais conhecidos:* "As pessoas, geralmente, têm uma visão plana, pegada à terra, de duas dimensões. – Quando a tua vida for sobrenatural, obterás de Deus a terceira dimensão: a altura. E, com ela, o relevo, o peso e o volume" (Caminho, n. 279).

(3) *Ia escapar-me «ser um pouco mais tolerante»; mas esta palavrinha (embora não tanto o conceito) revolve-me as entranhas. Acho que o explico nalgum lugar.*

ironia que aqui e acolá me vem à pena é apenas um recurso para não cansar nem aborrecer o leitor, e não pretende incomodar ninguém.

Uma rápida olhadela no índice será suficiente para comprovar que falo de uma grande quantidade de temas, e quase sempre com excessiva concisão. Os quatro mil caracteres que me impunham na revista como limite máximo mensal serviramme para aprender a podar adjetivos e ir direto ao miolo: excelente exercício literário, que recomendo.

Esta concisão tem um inconveniente e uma vantagem. O inconveniente é que não é possível dar-se ao luxo de tentar esgotar os temas. Mais ainda: tenho a certeza de que, no meu caso, deixo no tinteiro quase tudo o que é importante.

A vantagem é que, em dois ou três fólios, é fácil sugerir, dar um enfoque diferente a uma questão, dialogar com o leitor, provocá-lo um pouco, e depois sair de cena, alegando falta de espaço, para que o nosso interlocutor vá em frente, pensando por sua conta.

Os temas não são tão heterogêneos como possam parecer. Na verdade, consegui empacotá-los sem forçar demais a barra. Outros eram mais difíceis de ser encaixados, e por isso juntei-os num capítulo chamado «Fundo de baú».

Descobri que há repetições. Não muitas, mas há. Com certa frequência, volto a abordar ideias já desenvolvidas em outros momentos, e chego até a repetir literalmente algumas frases. Não me teria custado muito corrigir essa falha, mas preferi deixar as coisas como estão. Afinal de contas, esses conceitos que teimam em reaparecer ao longo do livro, e até em capítulos que tratam de questões muito diferentes, são como um estribilho conveniente ou servem de lembrete; como esse pensar por conta própria, que continua a repetir-se, mês a mês, na abertura dos artigos.

Termino este breve preâmbulo, que ninguém lerá (será que alguém lê os prólogos? Ei, há alguém aí?), reconhecendo que foi um enorme prazer escrever todas estas coisas, e que continuaria a fazê-lo pelos séculos dos séculos, enquanto a revista e eu nos tolerarmos mutuamente: tomara que seja por muitos anos ainda.

Uma vez que ignoro a sorte que correrá este livro, lavo as mãos diante de vocês, e declaro solenemente que o envio à tipografia porque os editores me pediram. Eles devem saber o que fazem. Eu me darei por contente se servir para que um só dos que o adquirirem se aproxime um pouco mais de Deus ou se anime a falar de Deus. E também para que sorria, que é saudável exercício.

Soto del Real, 16 de julho de 1996
Festa de Nossa Senhora do Carmo

1. O irresistível aroma do irracional

No dia da Imaculada Conceição de 1992, foi apresentado em sociedade o tão esperado Catecismo da Igreja Católica. *O seu êxito editorial desconcertou os de casa e os estranhos.*

Mas nem toda a imprensa esteve à altura do acontecimento. Ao menos, é o que acho. Bastantes jornalistas pareciam estar interessados unicamente no capítulo da Moral e esqueceram-se do resto, que representa perto de 80% do livro.

Mesmo dentro do capítulo da Moral, também não foram muito equânimes. A maioria mergulhou de cabeça no sexto Mandamento e constatou, como não podia deixar de ser, que o Decálogo — os Dez Mandamentos — continuava tão intacto como no dia em que foi promulgado por Moisés; enfim, que não havia novidades dignas de nota.

Mas alguém continuou a ler, em busca de uma manchete, de novos pecados ou de novas virtudes que como-

vessem a opinião pública. E encontrou! O Catecismo *«condenava» os horóscopos. É verdade que só os mencionava uma única vez, e exatamente na quarta linha do ponto 2116; mas aquilo, sim, era notícia, pelo menos para quem nunca tivesse ouvido falar das exigências do primeiro e segundo Mandamentos da Lei de Deus.*

A reação de alguns leitores foi imediata e significativamente desproporcionada. Que tinha o Papa contra os horóscopos? Como é que a Igreja se atrevia a opor-se ao batalhão dos circunspectos futurólogos que se fazem anunciar diariamente na imprensa, no rádio, na televisão e até na Internet? A coisa começou a ficar um tanto ridícula. E escrevi dois ou três artigos: estes que reproduzo a seguir e que não perderam atualidade.

Eu sou de escorpião, e você?

Recordo-me de que, certa vez, estava viajando de carro, de regresso à minha cidade, quando liguei o rádio, procurando uma emissora qualquer. Localizei uma em que entrevistavam um cientista muito conhecido, que falava principalmente dos seus gostos, da sua família... Tratava-se de uma dessas reportagens a que chamam «de interesse humano». De repente, sem vir ao caso, a personagem fez uma rotunda declaração de ateísmo, e de um ateísmo irritado, porque levantou muito a voz e se tornou agressiva contra algum inimigo invisível. Mas, a seguir, voltou aos temas em que o jornalista estava interessado.

– Como influíram na sua carreira as mulheres que conheceu na sua vida? – perguntou-lhe mais ou menos o locutor.

– Como você sabe, nós, os «piscianos», somos gente apaixonada e um tanto obsessiva, de modo que...

Nessa altura, mudei de estação: para mim, o cientista-ateu-pisciano acabava de despencar com estrépito do seu pedestal.

* * *

Nelson, terceiro ano de Faculdade, é inteligente, simpático e um pouco tímido, justamente o tipo de que todo mundo gosta. Eu sabia que ele vinha há uns meses tentando abordar a Carol, que estuda na mesma classe e que é, segundo me dizia, a garota mais «superincrível» do mundo. Até que um dia conseguiu ficar a sós com ela no bar da Faculdade. Com grande desconsolo, contava-me o rapaz:

– Carol estava apoiada no balcão, de costas, e tinha enfiado o dedo numa garrafa de Coca-cola. Ajeitei-me ao seu lado e, quando ia dizer-lhe alguma coisa, ela se voltou para mim e disparou: «Eu sou de escorpião, e você?»

– E o que é que você lhe respondeu?

– Sei lá!

Aqui acrescentou duas ou três expressões que prefiro não reproduzir.

Aconselhei-o a dar uma segunda chance à garota.

* * *

Hoje mais que nunca, sinto a tentação de levar na brincadeira um dos fenômenos mais sérios e significativos desta época paradoxal e um pouco esquizofrênica que nos coube viver: a epidemia de superstições que se alastra e a estranha fauna de personagens que comerciam com a crescente credulidade do pessoal: adivinhos, futurólogos, espíritas, parapsicólogos, astrólogos, tecno-exorcistas, videntes, médiuns, bruxos, bruxas, messias, curandeiros, benzedores, interpretadores de cartas, búzios e tarô, invocadores de diabos, fantasmas, caça-fantasmas, magos, rastreadores de óvnis, quiromantes... e consumidores histéricos de todos os gêneros, que sustentam todos os anteriores com admirável generosidade.

A epidemia chega também às livrarias, ao rádio, ao cinema, à televisão, ao mundo da política e da música. E está tão espalhada que não vou poder nem mesmo descrevê-la neste breve espaço.

Pensemos, por exemplo, no crescimento espetacular da literatura esotérica que enche as estantes das grandes livrarias. Refiro-me a esses livros em que se misturam ingredientes tão heterogêneos como o fenômeno óvni, a Bíblia, as pseudoprofecias mais em voga, a posição dos astros, os templários, a parapsicologia, os deuses astronautas de von Däniken e as colheres tortas do nosso amigo Uri Geller. O coquetel, sabiamente misturado, produz uma fantástica fascinação em determinada clientela. Mas o mais fantástico nessa literatura fantástica são os lucros dos editores.

Os autores mais engraçados são aqueles que assumem ares doutorais e jargões pseudocientíficos, que nem eles mesmos entendem, para dar às suas idiotices um ar ainda mais misterioso e secreto. É que a antiga terminologia esotérica já não impressiona mais ninguém. Quem vai acreditar em duendes, fantasmas, bruxas e espectros neste momento do século XXI?

– Por favor, sejamos modernos! – clamava um «Master» em Ciências Ocultas e Dietas Alternativas pela Universidade Livre de São Tomé das Letras, na sua já tradicional alocução aos diplomandos da escola. – Não falamos mais de profetas, mas de *futurólogos;* não dizemos espíritos malignos, mas *energias negativas*. Nada de vozes do além: *psicofonias!* Além disso, gravamo-las e vendemo-las na seção de salgadinhos dos hipermercados.

Não é piada, não. No rádio, que dizem ser o meio que goza de maior credibilidade, contam-se pelos dedos da mão os minutos que algumas emissoras, raras, dedicam semanalmente à informação ou à formação religiosa ou doutrinal. Em compensação, há uma infinidade de espaços reservados às consultas astrológicas, ao tarô, às últimas novidades do horóscopo etc... Por um preço bastante módico, um profeta, de óculos e pijama recamado de estrelas, tanto elabora uma carta astrológica para que você a pendure na sala de jantar como lhe interpreta o sonho que teve na noite anterior por culpa de uma feijoada mal digerida. E o que é mais surpreendente ainda: ao lado de um desses profetas, há sempre um profissional da emissora, um repórter que aguenta impávido a onda de estupidezes e até interroga com todo o respeito o feiticeiro de plantão, com tal seriedade e unção que parece estar diante do Oráculo de Delfos reencarnado.

Como foi que chegamos a semelhante situação? Será que é apenas um fenômeno sem importância, um jogo mais ou menos de moda, que desaparecerá da mesma maneira que surgiu? Receio que não.

Não resta dúvida de que o agnosticismo, o relativismo e o ceticismo generalizados desprestigiaram a inteligência humana. Os conhecidos lugares-comuns, tais como «ninguém é dono da verdade», «cada um tem a sua verdade», «o que importa é acreditar em alguma coisa», «não existe verdade absoluta» etc., convertem a inteligência numa faculdade humana frustrada, incapaz de atingir quaisquer certezas permanentes. Deus torna-se uma figura distante, mas tão distante que, mesmo que exista, não pode ser conhecido nem sequer pensado. O que quer que se diga sobre a sua natureza será falso, porque o entendimento humano não está capacitado para um empreendimento dessa envergadura.

Os agnósticos raciocinam assim: a cabeça foi-nos dada por Deus apenas para usarmos chapéu, e a inteligência para sermos engenhosos, para fazermos esgrima mental, para resolvermos palavras cruzadas e para não aspirarmos a muito mais.

Mas o homem não se conforma com esse modo de ver. É impossível espartilhar o seu espírito, represá-lo ou colocá-lo num estojo, para que não incomode. O materialismo não é humano. Todos sabemos que somos muito mais que simples matéria: sonhamos com a eternidade; aspiramos a ser felizes – não apenas a «viver numa boa» – e persistimos incansavelmente na busca do Amor com maiúscula, bem como da Verdade e da Vida também com maiúsculas.

É por isso que, quando lhe é negada essa possibilidade, anestesiando as suas aspirações básicas, o espírito busca uma saída. E se a razão não lhe serve para nada, apela para a magia ou para a superstição, para qualquer coisa, mesmo para o irracional, desde que não renuncie a ser o que é.

Como vemos, o assunto é muito sério, e portanto vale a pena tomá-lo na brincadeira: urge começar a pôr em ridículo esses aproveitadores que riem com ceticismo quando se fala de Deus, dos santos, dos anjos ou dos demônios (que também existem), e que vão por esse mundo afora adivinhando destinos, consultando as estrelas, esconjurando ou curando os maus-olhados, como nos melhores tempos de Camelot e do Mago Merlin.

* * *

Paradoxalmente, a fé diz-nos que devemos ser muito mais incrédulos do que esses agnósticos. *Não haverá para ti outros deuses diante de mim,* ensina a Sagrada Escritura (cf. Ex 20, 3). Devemos crer em Deus e unicamente em Deus. Só o Senhor é objeto de fé, de esperança, de amor e de adoração. Crer «demais» (em demasiadas coisas) ofende tanto a Deus como abandonar a fé. Ser supersticioso «por via das dúvidas» é tão tolo como não sê-lo «porque dá azar».

Chegados a este ponto, só me resta fazer um elenco de pecados tão antigos como o homem, mas que retomam com ímpeto renovado e que soam como novos. Não terei outro remédio senão falar deles mais adiante, ainda que rapidamente.

A *idolatria*. Lembram-se da história do bezerro de ouro? Falaremos de outros bezerros e de alguns cordeirinhos.

O *espiritismo,* um estranho jogo que Allan Kardec e as irmãs Fox inventaram há um século e que tem contribuído para aumentar a histeria entre a população.

O *satanismo,* com todas as suas sequelas ainda mais perigosas, porque o demônio existe, embora não se dedique a assustar crianças nem a fazer pequenos números pirotécnicos com efeitos especiais.

A *magia.* Como é lógico, não me refiro à de David Copperfield e Mr. M.

A *superstição* em geral: a epidemia dos amuletos, das simpatias, dos cristais, das pirâmides etc.

Tenho a certeza de que, para a maioria de vocês, tudo isto não merece ser levado a sério. Fico contente de que seja assim. A fé contribui muito eficazmente para conservar o equilíbrio mental e para não perder o bom senso. E, ao contrário, afastar-se de Deus leva frequentemente a adotar ritos, crenças e manias (talvez sejam apenas isso: manias) que, no melhor dos casos, são ridículos.

Por isso, fazer apostolado – recristianizar o ambiente – é ir apertando os parafusos das cabeças que temos à nossa volta; é também, ainda que não seja tão importante, esquecer-se do zodíaco e dos seus signos, arrancar a ferradura que temos atrás da porta e pregá-la no tênis dos nossos amigos supersticiosos, jogar fora a pata de coelho e, em vez de trazer ao pescoço um dente de javali, usar um escapulário, que é infinitamente mais útil.

E se acontecer com você, como com o Nelson, que uma menina lhe diga: «Eu sou de escorpião, e você?», que tal responder: «Eu sou daqui mesmo»?

Deuses, bezerros e cordeirinhos

Há tempos, contava-me o padre Justo Luís, que, além de sacerdote, é pintor, filósofo, escritor, poeta e muitas coisas mais, e que tinha acabado de chegar de uma peregrinação a Roma com alguns estudantes:
— Estivemos no Campidoglio... — começou a dizer-me, desolado. — Imagine só: a praça mais perfeita do mundo! Comecei a explicar a arquitetura... e já estava falando havia um bom tempo quando voltei a cabeça para ver se as minhas palavras tinham encontrado eco nos rapazes. Não havia ninguém lá! Todos tinham ficado para trás e rodeavam uma potente moto japonesa, ao pé da escadaria...

Justo parecia verdadeiramente abatido. E afundou-se mais ainda quando viu que eu levava o assunto na brincadeira.

— Não sei de que você está rindo. Desci indignado para trazê-los de volta, e não é que um deles me disse, assim que me viu: «Padre Justo, olhe só que máquina mais *animal!*» Não acredito que Moisés se tenha sentido pior do que eu quando desceu do Monte Sinai com as

Tábuas da Lei nas mãos e viu o seu povo adorando o bezerro de ouro...
– Calma lá, padre Justo, também não é para tanto!

* * *

Mas a indignação do padre Justo não é tão engraçada como parece. E não é supérfluo recordar precisamente a história de Moisés e do bezerro de ouro, que é um dos momentos centrais da história da humanidade.

Deus dispunha-se a fazer uma aliança com o povo de Israel, que deveria preparar a vinda do Messias. E Moisés, que fora escolhido por Deus para ser o mediador desse pacto, subiu ao monte para conversar cara a cara com o Senhor.

A espera foi longa, e os hebreus não eram lá muito pacientes. Resolveram, pois, arranjar outro deus, mesmo que não fosse tão grande como Javé. Pegaram o ouro que tinham trazido do Egito, fabricaram um bezerro e ofereceram-lhe sacrifícios.

Um comentário: será que aqueles judeus pensavam seriamente que o bezerro era Deus? Digo isto porque até certo ponto parece compreensível que o homem primitivo adorasse o sol, o raio, a tempestade ou até um ídolo de origem desconhecida para ele e que talvez o fascinasse pela sua beleza e mistério. Mas não faz sentido que um escultor considere divina uma escultura saída das suas próprias mãos. Como pode um criador adorar a sua própria criatura?

Acontece, porém, que o homem precisa de Deus. Busca-O continuamente, até sem o saber, com toda a alma, porque fomos projetados para amar a sério, quer dizer, para nos entregarmos. «A moedinha da alma perde-se quando não se dá», escreveu o poeta Antonio Machado[1]. E quem a não ser Deus é digno de receber essa moeda, inteirinha e para sempre?

É a essa plena submissão que damos o nome de *adoração* e que, mais que um dever, é uma exigência da natureza criada. Daí que, quando o homem não encontra ou rejeita o verdadeiro Deus – o único Ser digno de adoração –, busque um sucedâneo, um substituto, um ídolo.

* * *

Partindo desta perspectiva, e em sentido amplo, qualquer pecado é uma forma de idolatria, já que o *não* ao Senhor – que é o que comporta qualquer ofensa grave – é necessariamente um *sim* a algo criado, a um ou outro bezerro incompatível com o amor a Deus.

É isto o que vem a dizer São Paulo. O Apóstolo contempla o mundo romano com os seus enormes contrastes, os seus êxitos na ordem material e intelectual e... as suas misérias morais. E escreve: *Conhecendo a Deus, não o glorificaram como Deus nem lhe deram graças. Pelo contrário, extraviaram-se em seus vãos pensamentos e obscureceu-se o seu coração insensato. Presumindo de sábios, tornaram-se estultos e trocaram a majestade do Deus incorruptível por representações e figuras do homem corruptível, de aves, quadrúpedes e répteis* (Rm 1, 21-23). Estes deviam ser, pelo visto, os ídolos da moda na sua época. Mas, tanto naquele tempo como nos dias atuais, havia outros fetiches que

---

(1) Antonio Machado (1875-1939), poeta, crítico literário, ensaísta e professor, foi uma figura intelectual de primeiro plano na Espanha do começo do século XX. Além das *Poesías completas,* publicou a obra em prosa *Juan de Mairena* e diversas peças de teatro (N. do E.).

se adoravam com a mesmíssima devoção estúpida: sexo, poder, dinheiro, prestígio...

Talvez vocês achem que estou exagerando, que ninguém considera essas coisas como «deuses». É verdade; mas vimos que nem os judeus do Sinai criam a sério na divindade do seu bezerro. Seja como for, deixem que eu continue a exagerar um pouco. Depois, pensem bem... e talvez um ou outro me dê razão.

São Paulo disse que, *presumindo de sábios, tornaram-se estultos*. O fenómeno da idiotização continua. A fuga de Deus continua a afetar a inteligência humana. Eis alguns exemplos.

Os *adoradores do sexo* (poderíamos chamá-los «sexólatras»). Não me refiro somente aos sexo-dependentes, que já têm desgraças suficientes, nem ao batalhão de obcecados que circula por aí. Falo antes daqueles que, para dissimularem os seus complexos, emproam a voz, ajeitam cerimoniosamente os óculos, inventam um jargão mais ou menos críptico e incompreensível, e pretendem transformar o sexo – ou melhor, o prazer genital, pois o sexo é algo mais sublime – em ciência, em arte, em mística, na máxima expressão da felicidade, em símbolo de libertação e na aspiração suprema do homem. Esses precisam urgentemente de um psiquiatra, e não dos freudianos. Pergunto-me se são capazes de pensar em alguma outra coisa.

Depois, os integrantes das tribos *racistas*. Não há quem não os conheça: vão pela vida a passo de ganso e exibindo os músculos. O seu ídolo preferido costuma ser o espelho; sentem-se enlevados diante de uns olhos azuis ou de uma cabeleira loira. Mas são gente boa: ladram em três idiomas e fazem muito esporte, principalmente defesa pessoal e pancada nos negros.

– Ainda, os *idólatras do dinheiro*. É sagrado!, garantem. E pelo dinheiro perdem a saúde, a dignidade e o tempo. Do trabalho, só lhes interessa o ordenado, mas não o serviço que podem prestar aos outros. Ricos ou pobres, só têm um tema de conversa: o vil metal. O seu coração está bem blindado e emite o som inconfundível de uma calculadora.

E poderíamos continuar por aí afora, com os *adoradores do poder*, que vivem, sofrem, se despedaçam e morrem pelo gostinho de mandar; com os *colecionadores de prazeres*, gastrônomos de todas as sensações, que entram em êxtase diante de uma reserva 1960 de *Château Sang de Bois*, e que no fundo são apenas uns pobres exibidos. E assim por diante.

* * *

Continuemos a baixar o nível e exageremos um pouco mais. Não quero dizer que os que enumero a seguir caiam realmente no pecado da idolatria. Mas reconheçamos ao menos que o fenômeno é parecido.

Os *viciados em televisão*, permanentemente catatônicos diante da telinha, tendo nas mãos o controle remoto, que é o símbolo do poder dentro de casa. Chegará o dia em que, ao passarem pela frente da televisão, farão uma genuflexão.

Os *histéricos do rock* que, para expressarem o seu entusiasmo num *show*, ou simplesmente na presença do cantor mais badalado do momento, guincham como javalis gravemente feridos, mordem os punhos, fecham os olhos com paixão e têm espasmos musculares que mais parecem ataques epilépticos.

Os *hooligans* dos times de futebol, que usam o esporte para extravasar os seus impulsos mais baixos e que adoram o seu time só a metade do que odeiam o time adversário.

Enfim, os *adoradores dos motores a explosão,* que mereceriam um capítulo à parte, porque são multidão. Mais ainda: receio que estejamos todos contaminados por esta epidemia. O carro! Este é o grande ídolo, um fascinante bezerro de lata pintada, com cilindros e canos de escapamento, e com algumas coisas mais que quase ninguém entende, mas que os vendedores descrevem com palavras sedutoras e termos misteriosos.

O carro! Os anúncios fazem-no surgir como um deus pagão de uma cratera vulcânica, enquanto soam os primeiros acordes de *Assim falou Zaratustra,* fundo musical que sempre produz maravilhosos resultados. Imediatamente uma voz profunda e grave o qualifica de «selvagem, poderoso, animal cheio de beleza, agressivo, veloz como o furacão e suave como a brisa». A seguir, vemos a divina máquina sobrevoar uma multidão de fiéis adoradores que aplaudem furiosamente. Quando chega o dia de o motorista (quase sempre é um ele) entrar no *sanctum sanctorum,* agarra o volante e sente a emoção de incorporar ao seu corpo um exoesqueleto de 190 cavalos, com *airbag,* câmbio automático, banco de couro inflável, freios ABS, ar condicionado individual e rodas de liga de magnésio.

A partir desse momento, o feliz proprietário não mais se referirá à máquina como um simples objeto, mas incorporá-la-á ao seu próprio organismo como se incorpora uma prótese dentária, um marca-passo ou um implante de cabelo. As avarias do veículo serão lesões ou doenças suas. O seu mecânico será tão importante como o seu médico de cabeceira. E lhe dirá:

— Doutor, a *minha* embreagem está patinando, a *minha* terceira está raspando, amassaram um dos *meus* para--lamas. Será que vai ser preciso... operar?

Usará a buzina como uma nova laringe para avisar, repreender, queixar-se, protestar, cumprimentar ou cantar. Parado diante de um semáforo no vermelho, pisará no acelerador para impressionar com o ronco dos seus quatro cilindros alinhados, piscará com os faróis e... declarar--se-á à namorada desfraldando as mil e uma habilidades do computador de bordo. E se alguém se atrever a riscar a sua casca metalizada, ficará deprimido ou terá um ataque, como se lhe estivessem arrancando a pele tira por tira.

Francamente, se os velhos adoradores do bezerro levantassem hoje a cabeça, diriam com toda a certeza que o que eles fizeram não foi tão grave assim.

Crer em alguma coisa

– O importante é crer em alguma coisa, o senhor não acha?

Carlos soltou isso assim, sem mais nem menos, como querendo pôr um ponto final na nossa conversa, que já se estendera por um tempo demasiado longo. Certamente esperava uma resposta mais *tolerante* do que a que lhe dei, e isso apesar de eu procurar dar-lhe razão na medida do possível:

– Sim, é claro. Crer em alguma coisa é um pouco melhor do que não crer em coisa alguma. Mas pensar que o importante é simplesmente crer em alguma coisa equivale positivamente a não crer em coisa nenhuma.

Esse trava-língua desconcertou-o um pouco; mas como eu não pretendia aturdi-lo com jogos de palavras, procurei que o resto da nossa conversa transcorresse por vias um pouco mais convencionais.

Carlos tem dezoito anos e fala umas vezes como um agnóstico, outras como um ateu, e outras ainda como um crente hipercrítico que escolhe, entre as verdades de fé, as que lhe agradam e rejeita as demais, a fim de fabricar um catolicismo *à la carte*. Mas, no fundo, é um bom rapaz, cheio de boa vontade e de notável ignorância, em partes iguais.

***

Houve um tempo, não muito distante, em que os homens achavam que a inteligência humana não tinha limites, que era capaz de tudo compreender. Não me refiro aos conhecimentos científicos ou técnicos, mas às grandes verdades metafísicas e teológicas. Nada parecia estar fora do alcance da razão. Evidentemente, essa pretensão era um delírio: a infinidade de Deus supera por completo as possibilidades da criatura. Deus Nosso Senhor teria de ser muito pequeno para que coubesse numa cabeça tão cheia de futilidades e curtinha como a nossa; mas ainda assim havia uma certa grandeza nesse sonho sem pés nem cabeça.

Hoje em dia, pelo contrário, os pensadores mais na moda têm um baixíssimo conceito da própria inteligência[1]. Passamos da soberba da razão para o agnosticismo teórico e, principalmente, para o agnosticismo prático.

Agnóstico é aquele que nem sequer chega a preocupar-se com o problema da verdade. Ignora se a verdade existe ou não e, de qualquer forma, parte do pressuposto de que ninguém está em condições de encontrá-la. O agnóstico prático repete, como se fosse um dogma imutável e indiscutível, o tão batido princípio de que «ninguém é dono da verdade», de que, no fundo, a verdade não existe, antes cada qual tem a sua e todas são igualmente respeitáveis etc. Semelhantes afirmações – que, com toda

---

(1) A encíclica *Fides et ratio* é, sintomaticamente, toda uma defesa da inteligência humana, hoje desconsiderada não tanto por causa do *fideísmo*, atitude que pretende anular o papel da razão em nome da fé, mas por causa dos exageros do *racionalismo*, que pretende anular a fé em nome da razão. Em concreto, o moderno *pensiero debole* declara-se impotente para chegar à Divindade (N. do E.).

a certeza, são válidas em alguns campos do saber humano, principalmente no terreno da política, da economia etc. – são por eles estendidas também à filosofia, à fé, à religião, à conduta moral...

O agnóstico nem crê em Deus nem deixa de crer. Às vezes diz, como no jogo de cartas, que «passa», embora isso não seja verdade, porque ninguém é capaz de omitir-se quando se trata da coisa mais importante e séria da vida, que é, em concreto, o destino eterno. Mas engana-se a si mesmo e prefere viver «como se Deus não existisse», segundo a expressão de João Paulo II.

Disto tudo se conclui que ninguém deveria orgulhar-se muito de ser agnóstico: pensar que se é incapaz de conhecer algo sério, que a inteligência é uma capacidade frustrada, inútil para atingir convicções profundas, é, sem dúvida, uma desgraça. Não obstante, há por aí centenas de pessoas que se vangloriam do seu agnosticismo e o defendem com a fé e o ardor de um converso; consideram o seu ceticismo um dogma e fazem alarde de nada saber, de estar às escuras. Dá para imaginar um cego ou um coxo orgulhosos das suas carências físicas? Todos conhecemos pessoas que carregam as suas enfermidades com dignidade e até com alegria. Mas sentiríamos vontade de rir se fizessem alarde delas ou se sentissem orgulhosas desses padecimentos.

Não me refiro apenas a pessoas alheias à fé cristã. Na verdade, há muitos católicos que parecem estar contaminados por esse vago agnosticismo que paira por aí.

São pessoas de fé; pelo menos é o que dizem. Mas trata-se de uma fé sem conteúdos muito precisos, sempre sujeita a revisões e sem nada de definido... Uma fé «útil» para a vida, mas que não dá fundamento a coisa alguma. É que, como dizia o meu jovem amigo Carlos, «o importante é crer em alguma coisa». Em alguma coisa? Mais cruamente, poderia ter-se expressado assim: «O importante é enganarmo-nos com alguma coisa; fazer de conta que cremos... nos óvnis, na fraternidade universal, no equilíbrio ecológico, no futuro ou até em Jesus Cristo, mas sempre sem passar da risca, sem nos considerarmos na posse da verdade».

* * *

Certa fábula de Tolstói intitula-se *Os elefantes do rei* e foi reproduzida por João Paulo I no seu livro *Ilustríssimos senhores.*

«Um rei da Índia ordenou que se reunissem todos os cegos do país. Uma vez reunidos, mandou mostrar-lhes os seus elefantes. Um cego apalpou uma pata; outro, a cauda; um terceiro, o começo da cauda; um quarto, a barriga; um quinto, o dorso; um sexto, as orelhas; um sétimo, as presas; e um oitavo, a tromba.

«Depois, o rei ordenou-lhes que viessem à sua presença e perguntou-lhes: "Com que se parecem os meus elefantes?"

«O primeiro respondeu: "Os seus elefantes assemelham-se a colunas". Era o que tinha apalpado a pata. O segundo disse: "São semelhantes a uma escova". Era o que havia tocado a cauda. O terceiro disse: "Parecem-se com um galho". Era o que havia examinado com as mãos o começo da cauda. Aquele que havia apalpado a barriga disse: "Os seus elefantes parecem-se com um montão de terra". O que tocara o costado assegurou: "São semelhantes a um muro". O que havia apalpado o dorso declarou: "São como uma montanha". O que havia tocado as presas disse: "São semelhantes a uns chifres". O que havia apalpado a tromba afirmou: "Parecem-se com uma corda grossa". E todos os cegos começaram a discutir entre si...»

A fábula continua, mas a moral é simples: não parece razoável pensar que Deus tenha enviado o seu Filho ao mundo para nos dizer: *Eu sou o Caminho, a Verdade e a Vida* (Jo 14, 6) e, depois, nos reduzir à triste condição dos cegos da parábola, cada um com uma partezinha da verdade, miserável e diferente das outras. Seria uma brincadeira cruel, indigna de Deus e do homem.

Digamo-lo com clareza: devemos rebelar-nos contra o ceticismo. Fomos dotados por Deus de uma inteligência capaz de alcançar a verdade e de repousar nela, capaz de conhecer a Deus. Não de abrangê-lO, porque Ele é infinito, e a eternidade inteira não será suficiente para nos aprofundarmos na sua essência e no seu amor (essa será a grande aventura do Céu). No entanto, conhecemos a sua existência, enunciamos verdades sobre Ele e somos capazes de entendê-lO quando nos comunica a sua Palavra.

Ao criar o homem, Deus quis ter um interlocutor a quem pudesse amar por si mesmo. E nos pede fé, ou seja, pede que creiamos nEle porque é Deus, porque nos ama e porque não há nada mais inteligente do que confiar nEle.

Volto a citar João Paulo I:

«Uma mãe fala ao seu filho das coisas passadas, dos penosos sacrifícios que fez para protegê-lo e criá-lo. E conclui:

«– Você crê em mim? Irá lembrar-se de tudo o que fiz porque o amo?

«– Como poderia não crer em você? – responde-lhe o filho. – Farei tudo o que puder para ser digno do seu amor [...].

«A fé em Deus é algo semelhante: é um *sim* filial dito a Deus, que nos descobre um pouco da sua vida íntima; é um *sim* a todas as coisas narradas e, ao mesmo tempo, um *sim* Àquele que as narrou...»

* * *

Em resumo: crer em Deus significa também confiar em Deus *(sei em quem confiei,* escreveu São Paulo em 2 Tm 1, 12).

Confiar em Deus é dizer *sim* a tudo o que nos revelou, e não apenas a uma parte. Por mais duras ou incômodas que nos possam parecer as suas palavras, o que importa é que são dEle e que, portanto, merecem ser acolhidas sem qualquer reserva.

Na verdade, esse depósito de palavras é o nosso maior tesouro, o qual deve ser defendido com inteligência e apaixonadamente contra todos os ceticismos estéreis. Falemos a sério: afinal, os mártires não deram a sua vida por uma verdade descartável, com prazo de validade.

Nesta altura, deveríamos prosseguir, dizendo que essas verdades recebidas de Deus devem ser vida em nós; que a fé deve impregnar todas as nossas coisas: o trabalho, o estudo, o descanso, a vida familiar, o amor, a amizade... Mas temos de encerrar este capítulo, e vem-me à memória o poema-provérbio de Antonio Machado:

A tua verdade? Não, a verdade!
Vem comigo buscá-la;
a tua, guarda-a para ti.

2. Uma virtude com prestígio

Talvez surpreenda o leitor encontrar neste livro tantos capítulos sobre a virtude da sinceridade. Reconheço que eu também me surpreendi ao revisar os originais, mas a verdade é que me chamaria mais a atenção dar o tema por resolvido com um só capítulo.

Proponho-me repisá-lo porque, apesar do que se diz nas páginas seguintes acerca do indubitável prestígio desta virtude, o certo é que a mentira é, para muitos, uma ferramenta habitual de trabalho. Será mesmo verdade, como afirmam os mais cínicos, que em determinadas profissões é impossível ter prestígio sem recorrer habitualmente à hipocrisia, à falsidade, ao engano?

Jesus Cristo perdoou sem qualquer dificuldade ao bom ladrão, à adúltera, à pecadora pública, a Maria Madalena, e tentou até o último instante salvar Judas; mas teve palavras duríssimas para os mentirosos, os hipócritas. Não há dúvida de que também lhes teria perdoado, desde que lho tivessem permitido, mas é da própria essência da mentira repelir o perdão. Como curar alguém que garante estar são e cobre a sua lepra malcheirosa com perfumes e roupas de seda?

O Senhor nos salvará pela sinceridade... Não há outro caminho. Quem quiser conservar lustrosa a sua imagem diante de Deus está perdido.

Nos próximos capítulos, tiro da cartola três contos, penso que válidos e até divertidos, e um personagem, o professor Kloster, que já me serviu de interlocutor em diversas ocasiões.

Mentiroso? Eu?

Quando se fala de virtudes, uma das palavras que se repetem com mais frequência é *sinceridade*. Donde se deduz que é também um dos conceitos mais confusos do nosso vocabulário moral.

– Qual é o seu principal defeito? – perguntava o repórter da televisão.

– Tenho tantos! – disse o político com um sorriso, entre compungido e resignado. – Mas o principal talvez seja que sou sincero demais...

A seguir, olhou com candura para a câmera. Ninguém diria que, mais uma vez, acabava de mentir a alguns milhões de telespectadores.

Aliás, por que será que, quando se pergunta a alguém sobre os seus defeitos, responde atribuindo-se a si mesmo uma carrada de virtudes? Pode comprová-lo você mesmo, se quiser, nessa espécie de colunas de *confissões íntimas* – ou seja qual for o nome que lhes deem – que alguns meios de comunicação costumam publicar.

Durante alguns meses, fui anotando cuidadosamente as respostas a essa pergunta tão simples que referíamos acima: «Qual é o seu maior defeito?» Eis algumas...
– Deixo-me levar pela paixão.
– Confio na honestidade dos outros.
– Sou um ingênuo.
– Deixo-me arrastar pelo coração.
– Cometo erros de ortografia.
– Não sei pensar em mim mesmo (!).

Até hoje estou esperando que alguém diga: «Sou invejoso, não sou capaz de mexer um dedo para trabalhar, furto latas de aspargos no supermercado, sou levemente corrupto, sou viciado em *videogames,* minto compulsivamente» etc.

– Sou mais sincera que todos – afirmava numa entrevista uma famosa *socialite.* – Sempre chamei ao pão, pão, e ao vinho, vinho. É por isso que aquela sirigaita...

Mudei de canal no momento em que soltava o primeiro palavrão.

Destes exemplos, bem como de outros que não vale a pena reproduzir, pode-se concluir:

1. Que a sinceridade é uma virtude que goza de boa reputação, o que não significa que a vivamos satisfatoriamente – muito pelo contrário. No entanto, assim como há virtudes que muitos menosprezam, talvez porque não as entendem (a obediência, a mansidão, a castidade etc.), há outras que são muito apreciadas, provavelmente pela mesma razão. É o caso da sinceridade.

2. Que há quem confunda o toucinho com a velocidade e a sinceridade com a falta de pudor, com a espontaneidade, com a sujeira, com o cheiro de onça ou com

o dizer o que se pensa sem pensar no que se diz. Para esses, ser sincero consiste não tanto em ser veraz, como em dar rédea solta a tudo o que passa pela cabeça. De acordo com este critério, cuspir, latir, bocejar ou explorar com o dedo indicador as profundezas das fossas nasais podem ser manifestações de requintada sinceridade, ao passo que pentear-se, barbear-se, agradecer, sorrir, apertar a mão ou engraxar os sapatos seriam sintomas claros de hipocrisia social, que é a acusação favorita na boca dessas personalidades.

Vamos falar a sério: sabe por que temos tanto apreço pela sinceridade? Porque é uma virtude que se relaciona diretissimamente com o que somos e com a nossa capacidade de amar.

Explico.

Amar é dar-se, é entregar ao outro a própria vida, é fazer com que esse outro «nos viva», ou seja, é compartilhar com alguém uma parte do que chamamos *intimidade*, esse mundo interior cheio de «segredos», de angústias, de alegrias, de lágrimas... e que também tem uma dimensão física, protegida pelo pudor. Esse recinto inviolável, que ninguém tem o direito de invadir, só pode ser entregue por amor e em liberdade. Compartilhamo-lo com os «íntimos», com os pais, os irmãos, os amigos, com o marido ou a mulher. Mas nunca a damos por inteiro.

Da mesma maneira como existem graus no amor e formas diferentes de amar, também há limites nessa comunicação espiritual ou física: com os amigos compartilhamos confidências; com a família, alguma coisa mais e alguma coisa menos: sentimentos, lembranças, afetos... e o banheiro. Os esposos criam um âmbito de intimidade novo que não irão compartilhar com mais ninguém. E a Deus dá-se tudo isso, e até o último recanto da alma[1].

Que é, então, a sinceridade? Simplesmente a virtude que torna possível essa entrega, visto que a intimidade se dá aos outros com gestos, mas sobretudo com palavras.

Deus reclama o seu direito de que sejamos transparentes na sua presença, porque Ele é o nosso único amor absoluto.

A nossa família também exige que lhe abramos parte do nosso coração: que não haja gavetas fechadas na alma... nem no armário.

Os amigos pedem lealdade, uma forma de sinceridade que nos leva a proteger as confidências compartilhadas como um depósito sagrado.

E os estranhos? Têm o direito, pelo menos, de que não lhes mintamos. Um direito, aliás, que também é consequência do amor que todos merecem.

Dedicarei ainda algumas páginas mais a este tema. Espero que de momento tenha ficado claro, pelo menos, que cuspir no chão, tanto no metrô como no Palácio da Alvorada, não é uma comovente manifestação de sinceridade, e sim uma lamentável falta de educação.

---

(1) Receio que esta ideia seja daquelas que se repetem com certa monótona insistência ao longo do livro, conforme confessei no prólogo. E diga-se de passagem que ainda não estou velho e caduco: insisto, pois, com premeditação e aleivosia.

O assassino de Chapeuzinho Vermelho

A história de Chapeuzinho Vermelho chegou até nós levemente adulterada. Na verdade, as coisas aconteceram da forma que é narrada pelo famoso contista austro-húngaro Heinz Kloster.

Segundo este autor, os padrastos de CV, fartos de suportar a menina, resolveram mandá-la ao bosque, na esperança de que caísse nas mãos de um assassino que costumava rondar por aquelas paragens.

– Vamos, queridinha – disseram-lhe –, leve esta torta para a vovozinha!

CV, toda alegre, confiante e meio cretina, logo se perdeu pelo caminho correndo atrás de uma borboleta silvestre. (O doutor Kloster sabe perfeitamente que todas as borboletas são silvestres, mas era preciso pôr algum adjetivo à borboletinha).

Muito assustada, CV perambulou horas pelo bosque, até topar com Rodolfo, o lenhador.

– Boa tarde, bom lenhador – cumprimentou a menina. – O senhor poderia dizer-me como posso sair do outro lado do bosque?

Rodolfo sofria do estômago e ficava particularmente irritado quando alguém interrompia o seu trabalho. Assim, resolveu mentir a CV e fazê-la caminhar na direção da toca do lobo, que era onde se escondia o assassino. Mas CV tornou a perder-se e, ao chegar às margens de um riacho, quase deu de cara com o lobo feroz, que, seguindo as indicações do seu otorrino, costumava fazer gargarejos todas as tardes, antes de uivar para a lua.

– Boa tarde, Chapeuzinho – grunhiu o animal ao ser apanhado em flagrante. – Posso saber aonde vai a estas horas?

– À casa da minha vovozinha, para levar-lhe esta torta de maçã que a minha bondosa mamãe etc. etc. etc. – respondeu a menina.

– Acho que você se perdeu, minha filha – interrompeu o animal. – Tome aquele caminho à direita.

É desnecessário dizer que o lobo só pretendia fazê-la cair diretamente nas garras do assassino. E foi exatamente o que aconteceu: poucos metros adiante, o criminoso atirou-se sobre CV e a matou.

* * *

É verdade: reconheço que o final é um tanto desanimador; mas as coisas são como são. Em todo caso, proponho-lhes que façam uma experiência: leiam este conto aos seus amigos e perguntem-lhes: quem é o maior culpado pelo triste fim de CV? Os seus padrastos, cruéis e desalmados, por levá-la a perder-se no bosque? O lenhador, a sua úlcera de duodeno, o lobo feroz ou, quem sabe, a própria Chapeuzinho?

Receio que as respostas sejam muito variadas. Pode ser até que lhes respondam que o responsável é o Ministro da

Justiça, a Polícia Militar ou mesmo a sociedade de consumo. Mas quase ninguém dirá que o maior culpado é o próprio assassino.

Isto vem a propósito da nossa tendência a culpar pelos nossos erros os que estavam apenas passando por perto.

Fui reprovado num exame? A culpa é do professor, que me odeia; do meu pai, que não me deixou sair na noite de sexta-feira e me fez cair numa fossa danada; do Ministério da Educação, que não sei por que insiste em que estudemos estas besteiras etc.

Atropelei uma velhinha?

– Veja, seu guarda, atrás de mim estava vindo uma histérica tocando a buzina, e, com as obras de construção naquela esquina, não dá para estar atento a tudo; não reparei no semáforo. E de repente aparece essa senhora, não sei por que ainda as deixam andar sozinhas pela rua, e se joga contra o meu para-choque dianteiro... Que cacetada a velha me deu...

E se falamos de pecados mais frequentes, como a preguiça, o egoísmo, a soberba, a sensualidade, o reflexo autoexculpador funciona com a mesma precisão.

Conta-se que, na Chicago dos anos 1930, um gângster de *curriculum* impressionante estava morrendo crivado de balas pela polícia em pleno centro da cidade. O tiroteio foi sangrento: foram baleados mais de duzentos policiais. E quando, finalmente, o pistoleiro foi caçado, pronunciou, pouco antes de morrer, umas poucas e sentidas palavras:

– Isto é o que me acontece por ser bom demais.

Reconheçamo-lo: todos nós temos o péssimo hábito de bater no peito, sim, mas no dos outros. É por isso que a Igreja, que é muito sábia, nos convida a repetir duas vezes *por minha culpa, minha tão grande culpa,* enquanto batemos no nosso próprio peito, e não no do vizinho.

Ser sinceros com nós mesmos parece fácil. Mas somos tão bons mentirosos que, com um pouco de prática, acabamos acreditando nas nossas próprias patranhas. Por esse motivo, antes de falarmos de sinceridade para com Deus e para com os outros, talvez valha a pena aprendermos a examinar a nossa consciência todas as noites e a reconhecer diante de Deus que somos nós os assassinos de Chapeuzinho Vermelho.

Vocabulário prático para nos enganarmos a nós mesmos sem perder a compostura

Tanto com relação aos assuntos humanos como aos espirituais, fazer o exame de consciência antes de deitar-se é um costume bastante saudável. Nos negócios, mesmo os que maquilam a contabilidade oficial mantêm em dia outro livro com os lançamentos que correspondem à situação real. Isto porque enganar-se a si próprio em assuntos de dinheiro costuma ser um verdadeiro suicídio.

Na ordem espiritual, quando alguém descobre que está no vermelho, ou seja, que está encardido por todos os lados, tem de considerar três reações possíveis:

1. Criar vergonha e dispor-se, com humildade e realismo, a varrer o lixo e desinfetar a alma no sacramento da Penitência; não resta dúvida de que esta é a atitude mais razoável.

2. Virar o rosto, tapar o nariz e aguentar enquanto puder (geralmente, aguenta-se pouco e não compensa).

3. Enganar-se a si mesmo. Outros já conseguiram; eu, por que não? Com um pouco de prática, chega-se a raciocinar como um perfeito esquizofrênico.

Para isso, existem dois sistemas: o primeiro consiste em jogar a culpa de todos os nossos erros sobre os outros. Se você tiver alguma dúvida, leia novamente o belo conto de Chapeuzinho Vermelho, no capítulo anterior.

O segundo é um pouco mais elegante: trocar o nome das coisas e socorrer-se desse vocabulário pastoso, oleoso e confuso que maquila os defeitos a ponto de convertê-los em outra coisa, até em virtudes.

Vejamos alguns exemplos.

Não chame *preguiça* à preguiça; chame-a de *cansaço, esgotamento, depressão, serenidade*. Ao orgulho pode-se dar o nome de *autoestima,* que soa muito bem, ou mesmo de *dignidade,* de *direito à própria imagem*. Para a inveja, os políticos inventaram uma expressão deliciosa: *agravo comparativo*. Pelos vistos, se o meu vizinho possui algo que ambiciono e que não tenho, essa tristeza que me rói o fígado não é senão um anseio de justiça baseado no agravo comparativo que procede de tão manifesta desigualdade... Dá para entender agora?

Pelo mesmo preço, poderíamos chamar ao egoísmo *espírito de poupança;* à desobediência, *personalidade;* à luxúria, *amor;* à ira, *temperamento forte;* à gula, na juventude, *fome;* na maturidade, *apetite;* e na velhice, *gastronomia*.

A covardia pode ser qualificada como *prudência*; a mediocridade, *humildade*; a calúnia, *liberdade de expressão*; o mexerico, *crítica construtiva*; a tibieza, *espírito de tolerância* (consigo mesmo, evidentemente); a superficialidade, *simpatia*; a frivolidade, *adaptabilidade*; o insulto, *senso de humor*; a ordinarice, *sinceridade*; a traição, *fidelidade ao momento presente* (garanto-lhes que já ouvi chamá-la assim); a intolerância, *critério firme*; o rancor, *afã de justiça*; a trapaça, *mentirinha, mentira piedosa, pequeno exagero*; o aborto, *interrupção voluntária da gravidez*; a fraude, *bom negócio*; a reprovação, *fracasso escolar*; a eutanásia, *morte digna*...

Aplicando com sabedoria este vocabulário, o Duda, depois de receber meia dúzia de vermelhos na primeira avaliação do primeiro semestre, pôde explicar em casa que, «esgotado pelo estresse pós-férias, se considerava vítima do fracasso escolar; com isso, a sua autoestima estava em baixa, por causa do agravo comparativo resultante das três notas máximas obtidas pela sua prima Priscila».

O que, por sua vez, o levava a experimentar «fortes impulsos de aplicar a eutanásia ativa àquele idiota do professor de Matemática, sem intenção de ofender, é claro, mas apenas no exercício da liberdade de expressão».

E não é que a gente acaba mesmo acreditando em todas as asneiras que diz?

É isso mesmo. Determinadas palavras têm um efeito narcotizante e idiotizador: são esses termos que denominamos eufemismos, porque soam bem e substituem com vantagem outros termos mais expressivos e rotundos.

São verdadeiros curingas da linguagem, que anestesiam tanto os que os ouvem como os que os empregam. Podem ser introduzidos em qualquer contexto, mas a sua utilidade tem sido amplamente explorada na política, porque não servem para comunicar ideias, e sim vagas e etéreas impressões.

O problema é que criam hábito, e se alguém se deixa contaminar, acabará sendo incapaz de falar como uma pessoa normal.

É por isso que proliferam tanto. Do jeito que estamos indo, vamos acabar chamando à calvície *minuscabelidez* ou *incapacidade capilar adquirida*; ao canibalismo, *gastronomia alternativa*; ao homicídio, *interrupção voluntária da vida alheia indesejada*; à poligamia, *amor pluralista;* à tortura, *exercícios de alongamento alheio*; e ao racismo, *bom gosto.*

Um morto bem saudável

José Carlos (Zeca, para os íntimos) tinha dois assuntos de conversa: o Corinthians e a saúde, ou melhor, a sua boa saúde; porque era, acima de tudo, um homem saudável que sentia a necessidade de propalar a sua ótima forma física aos quatro ventos.
– Rapaz, como estou em forma! Há vinte anos que não vou ao médico.
No trabalho, todos sabiam que perguntar-lhe «Como vai?» era perigosíssimo, pois significava expor-se a ouvi-lo contar tudo com todo o luxo de detalhes:
– Muitíssimo bem, meu caro. Corri dez quilômetros, como faço todas as manhãs; tomei um suco de cenoura com pão integral, um bifinho... Como você pode ver, ninguém diria que já passei dos cinquenta. Vinte e cinco anos sem médicos nem remédios! (O número de anos variava conforme o entusiasmo do momento). Em compensação, veja só o coitado do Fredão. Quantos anos você lhe dá? Pois saiba que servimos juntos no exército. É o que eu digo: muita cerveja e muita pizza, e depois é o colesterol, é a vesícula, é isto e aquilo... Você nunca me vai ver numa cama. Se apanho uma gripe, firme de pé! É preciso aguentar!

Depois de completar cinquenta e cinco anos, já se notava que estava um pouco mais gordo, como que congestionado, e pelo seu colossal nariz cavalgavam umas veiazinhas azuis e vermelhas.

Logo começou a capengar, e nas corridas matinais notava-se que estava mais lento e que pendia um pouco para estibordo.

– Você deveria ir ao médico...
– Nem pensar! Antes virar são-paulino! Estou ótimo. É preciso aguentar de pé!

Na Quarta-feira de Cinzas, viram-no sair de casa como de costume, vestindo o seu moletom. Cem metros à frente, teve um ataque de tosse. O Fredão estava saindo do bar naquele momento.

– Você não está passando bem?
– Nada disso. Estou ótimo! – respondeu o Zeca.

E morreu.

O dr. Temístocles, médico, declarou emocionado ao passar o atestado de óbito:

– Nunca tinha visto um morto com tão boa saúde.

* * *

Um caso como o do Zeca não é tão raro assim. É verdade que são mais comuns os hipocondríacos, catadores de drágeas, comprimidos e demais produtos farmacêuticos; mas também proliferam os «tigres», que fazem da sua saúde uma questão de honra e jamais reconhecerão que precisam da ajuda de um médico.

O mais surpreendente é que alguns desses «exterminadores do futuro» geralmente fogem do médico porque têm medo dele («não vá acontecer que descubra alguma coisa»), tremem diante de um avental branco e desmaiam à vista de uma seringa em posição de ataque.

Na ordem espiritual, não é difícil encontrar gente muito parecida com o nosso simpático Zeca. Refiro-me aos que chegam até a reconhecer solenemente os seus muitos e sempre genéricos defeitos. Mas, à hora de concretizá-los, mais parecem considerar-se imunes à tentação e às quedas das pessoas normais, quando não impecáveis por natureza.

– Não me arrependo de nada – afirmam com monótona frequência algumas personagenzinhas, quando são entrevistadas.

(Dá para imaginar como deve ser triste nunca haver experimentado a alegria do arrependimento?)

– Posso ser qualquer coisa – confessam outros um pouco mais humildes –, mas *nisso* não cairei nunca!

E quando, apesar de tão boas disposições, acabam caindo exatamente naquele ponto, sentem-se incapazes de confessar os seus erros e de humilhar-se no sacramento da Confissão.

Reconheçamos com toda a sinceridade: todos sentimos vergonha de tirar a roupa do corpo diante do médico e a da alma diante do sacerdote. Mas seria uma loucura esconder uma doença só porque deslustra a nossa imagem.

Jesus disse certa vez que não veio chamar os justos (isto é, os que se julgam impecáveis), mas os pecadores. Insistiu em que não precisam de médico os sãos (ou seja, os que se gabam de sê-lo, ainda que estejam agonizando), mas os doentes. E seria uma triste desgraça se, depois de tanto maquilarmos a nossa alma para parecermos saudáveis, o Senhor nem sequer nos olhasse.

Resumindo:

– Todos nós carregamos os mesmos sete pecados capitais e um longo séquito de pecados «interioranos». É inútil tentar escondê-lo.

– As feridas da alma, se forem convenientemente tratadas, não envergonham: embelezam. São como as cicatrizes dos toureiros: cada uma denuncia um erro que cometeu; mas quem não tiver nenhuma é porque nunca desceu à arena.

– É preciso ventilar com frequência todos os armários da alma. E, se cheiram mal, talvez não baste um desodorizante. Será preciso tirar o rato morto.

– Cristo é o único médico que nunca desengana o paciente e que, além de perdoar, também cura e rejuvenesce. E tudo isso gratuitamente: só é preciso pagar o pequeno pedágio da mais completa sinceridade, para não morrer em perfeita saúde.

A síndrome do corcunda

«Dois corcundas nunca se olham de frente, a menos que sejam camelos».
(Provérbio persa ou coisa parecida)

Renato Gibbone, cantor, bailarino e palhaço, era o maior bufão de Siena, e com uma única expressão do rosto era capaz de levar às lágrimas ou fazer cair na gargalhada a cidade inteira. Ninguém jamais fora tão admirado nem tão querido. As mulheres confessavam-se apaixonadas por ele, e os seus maridos não ficavam enciumados, provavelmente porque Renato Gibbone, que tinha todos os talentos, tinha também uma belíssima corcunda.

– Mas com que graça a carrega! – comentavam elas.

Com efeito, o nosso homem conseguia fazer da sua deformidade o seu principal atrativo. Ninguém contava piadas de corcunda tão engraçadas como as dele. Conhecia centenas, e sempre criava alguma nova.

Ao conhecê-lo, as pessoas pensavam que era um homem magnífico, sem complexos, capaz de rir até de si mesmo, mas a realidade era muito diferente: Gibbone tinha uma alma tão disforme quanto o seu corpo. Odiava a sua corcunda e todas as corcundas do mundo. Por isso, não gostava de ver nenhuma delas por perto. A sua fobia era tão grande que nem sequer suportava ver-se no espelho. Por esse motivo, não admitia que houvesse outros gibosos em Siena.

Para consegui-lo, decidiu ridicularizar três vizinhos que sofriam da mesma deformidade: Paolo, o sapateiro; Antonio, o mendigo; e Renzo, o Conde.

Elucubrou piadas tão cruéis que, em breve, esses outros corcundas tiveram que esconder-se em casa para não serem objeto do escárnio da cidade inteira. Paolo fechou a sapataria; o Conde recluiu-se no seu palácio; e Antonio, o mendigo, consumia-se na sua choupana, sem sequer se atrever a pedir esmola.

Por fim Renato Gibbone era um homem feliz. Amado pelas mulheres, admirado pelos homens e rico por obra e graça da sua deformidade, já não tinha corcundas à sua volta que lhe recordassem o seu aspecto monstruoso...

Mas certa noite viu-se chegar ao palácio do Conde a sombra de duas figuras disformes. Os três gibosos humilhados haviam decidido passar ao ataque. Chegara a hora da vingança.

Foi por ocasião da principal festa em Siena. Centenas de bandeirolas ondulavam nas abarrotadas sacadas da Piazza del Campo. Sobre um palco levantado bem no centro da praça, Gibbone arrancava aplausos e gargalhadas sem fim. Brilhava, realmente... Até que, de súbito, surgiu lá ao longe a figura grotesca e claudicante de um corcunda desconhecido.

A surpresa deixou a todos silenciosos. A multidão abriu caminho ao homem. Por um instante, acendeu-se uma chispa de ira nos olhos do bufão, mas ninguém deu por isso. Imediatamente, soltou uma gargalhada tão es-

pontânea, gostosa e contagiante que todos na praça morreram de rir. Gibbone apontou o intruso com o dedo e propôs trocar de lugar com ele, provocando nova explosão de risos do público, aliás como conseguia sempre que o queria. Soltou piadas como rajadas de metralhadora...
Mas o adventício não se alterou e, mais ainda, continuou a avançar até chegar ao centro da praça. Inacreditável! Aquele pobre idiota não se dava conta de nada. Seria surdo além de disforme? Subiu ao palco. As gargalhadas foram cedendo lugar à incredulidade. Renato Gibbone disparou sobre o intruso o seu repertório mais hilariante. Inútil. O misterioso corcunda aguardava que passasse a tormenta. Alguns puderam ver que se esboçava no seu rosto um sorriso melancólico.
As piadas de Gibbone foram esfriando. Quase ninguém mais ria. Por fim, fez-se um silêncio terrível e o recém-chegado olhou com tristeza o seu rival. Tirou das costas a sua corcunda, feita de trapos, e atirou-a aos pés do bufão, que, ao vê-la, pareceu mais grotesco e disforme que nunca. A seguir, o falso giboso endireitou-se: era um rapaz jovem, alto, forte e bem-posto. E então soltou uma gargalhada terrível, que encheu a praça de um eco sinistro. Depois, inclinou-se para acolher os aplausos do público, deu meia-volta e foi-se.
Contam que Renato Gibbone, pálido de tanta raiva e vergonha, teve que se esconder vexado em sua casa, e nunca mais tornou a sair à luz do dia.

* * *

Depois da história, a moral.
Os defeitos alheios podem provocar em nós os mais variados sentimentos: pena, tristeza, repugnância, até

simpatia. Tudo depende do defeito de que se trate e de quem o tenha. Mas se a nossa reação for de ira, de fúria desproporcionada, com toda a certeza sofremos da *síndrome do corcunda*.

Trata-se de uma doença que costuma aparecer aí pelos treze ou catorze anos e que alguns consideram como mais uma característica da sempre conflituosa «idade do frangote». Mas não nos enganemos: muitos adultos sofrem dela com a mesma virulência.

O doutor Kloster chama a essa doença *especulofobia*, ou seja, aversão aos espelhos, uma vez que, em última análise, a síndrome do corcunda consiste no ódio aos defeitos próprios, quando os vemos refletidos nos outros.

É claro que não me refiro apenas às degenerescências físicas. Todos sabemos que, geralmente, um gago não costuma encontrar o menor prazer em conversar com outro gago. Sabe-se também que é falta de educação convidar dois corcundas para almoçarem à mesma mesa, porque o mais provável é que ambos acabem com problemas de má digestão. Como estas situações não costumam acontecer com muita frequência, o problema pode ser considerado irrelevante.

O que, porém, é epidêmico é a alergia aos defeitos espirituais ou morais próprios, quando aparecem com toda a crueza nas pessoas que nos rodeiam, principalmente nos parentes mais próximos, que em geral são os que os reproduzem com maior fidelidade.

É exatamente o caso da Thaís, estudante do ensino médio, que se reconhece incapaz de suportar Camila. E para explicar o porquê disso, faz uma excelente imitação dos gestos e do tom monótono e desagradável da voz daquela próxima que tanto a irrita. Como digo, a imitação é perfeita, e não podia deixar de ser, porque Thaís e Camila são irmãs gêmeas.

Vamos terminar. Já falamos bastante de uma única virtude: a sinceridade. Acho que você nunca imaginou que este assunto tivesse tantas e tão complicadas ramificações. Confesso que nem eu. No entanto, garanto que a síndrome do corcunda é epidêmica em muitos ambientes. Convido-o a fazer uma simples verificação em forma de teste:

1. Entre os seus parentes, colegas ou companheiros mais próximos, há alguém que lhe caia extremamente mal, a ponto de não poder suportá-lo?

2. Você tem tentações frequentes (talvez abafadas) de estrangular essa pessoa com o cordão da cortina, ou pelo menos de submetê-la a uma sessão de refinada tortura?

3. Você se alegra, secreta mas descaradamente, cada vez que o time de futebol dessa pessoa é derrotado, ou ela é reprovada em matemática, ou fica com cara de imbecil diante do seu(sua) primo(a) Luisinho(a)?

4. Quando a sua mãe lhe pergunta: «Posso saber por que você antipatiza tanto com NN?», você responde, curto e grosso: «Porque é um idiota»?

Se você respondeu afirmativamente a essas quatro questões, não resta dúvida de que sofre da síndrome do corcunda. Mas não se assuste; o tratamento é simples. Um sincero exame de consciência fará você descobrir que o que o irrita não é tanto a corcunda dos outros, mas a sua própria, aliás tão comum.

Portanto, já sabe: tem de ser sincero consigo mesmo, com Deus e com o seu confessor. Com um pouco de persistência, vai conseguir suportar dignamente a sua própria corcova, sem necessidade de «pôr corcovas» nos outros.

3. Consciência com ciência

Desde há alguns anos, venho dando aulas sobre alguns assuntos da matéria de Religião às alunas do ensino médio do colégio Aldeafuente; mais precisamente, sobre os fundamentos da Ética e da Moral cristãs.

Era lógico que aproveitasse a oportunidade para preparar com elas uma boa parte das minhas colaborações para a revista Mundo cristiano *ou para comentá-las depois em aula.*

A experiência foi muito boa, graças à colaboração prestada pelas alunas, não sei se por entusiasmo ou para tirar boas notas. (Dizem as más línguas que sou incapaz de reprovar alguém. Pois estão muito enganadas: qualquer dia destes vou demonstrá-lo).

Os próximos capítulos não são os únicos nascidos dessas aulas, mas essa influência acadêmica pode ser notada mais em uns que em outros, uma vez que falamos sobre alguns dos temas mais importantes da Moral.

Consciência com ciência, *além de ser um jogo de palavras, é, do meu ponto de vista, toda uma definição da Moral.*

Com a palavra «consciência» aconteceu o mesmo que com outras igualmente sonoras e cheias de prestígio: foi tomada de empréstimo – ou descaradamente roubada – e aplicada a conceitos de menos substância ou até de sentido contrário. Desta maneira, chegou-se à total confusão das línguas, e hoje já não se sabe de que é que se está falando. Mais ou menos como em Babel.

Assim, por exemplo, a palavra «amor», que é a de maior quilate de todo o dicionário (Deus é Amor), depois de trinta séculos exposta a todas as intempéries, foi saqueada tantas vezes que é usada tanto para falar da fecundação das plantas ou dos urubus como para amar a Deus ou para ofendê-lO.

Com a consciência passa-se algo de semelhante. Quando ouço alguém apelar para essa palavra, quase sempre para dar por encerrada alguma questão incômoda, fico em dúvida se, na realidade, o apelante sabe de que está falando: de um sentimento muito intenso? Daquilo que o corpo lhe pede? Por vezes, dá a impressão de que se trata apenas de uma palavra-alçapão, que serve para alguém se escapulir quando já não sabe como justificar a sua conduta:

– Você deve ter razão, não nego – ouvi dizer, faz anos –, mas a minha consciência é a minha consciência. E diante dela não há argumentos que me convençam.

Esse negar-se à razão em nome da consciência é, pelo menos literalmente, uma perfeita estupidez.

3. CONSCIÊNCIA COM CIÊNCIA

A consciência não é puro subjetivismo: é coisa bem diferente. E tem muito a ver com a Ciência, quer dizer, com a Lei Moral... O tema é complexo e, naquelas aulas, quase nos ocupou um trimestre.

O homem e o seu manual de instruções

— Tudo bem, a Igreja diz outra coisa, mas *para mim* não é pecado.

Marcelo sublinhou o *para mim* a fim de não me dar a menor chance de replicar. Apesar disso, procurei explicar-lhe, em primeiro lugar, que o que a Igreja diz sobre os problemas de Moral quase nunca é doutrina exclusiva sua; que seria mais exato falar do que disse Cristo ou mesmo do que é exigido pela própria natureza humana, ou seja, pela nossa dignidade como pessoas humanas e como filhos de Deus.

— Dá para ver — respondeu-me Marcelo com ironia — que a sua natureza humana é diferente da minha. Para mim, esses pecados são perfeitamente naturais.

Nesse momento, veio-me à cabeça uma historieta que havia lido não sei onde.

* * *

Um novo-rico decide comprar um carro; obviamente, o mais luxuoso do mercado. O concessionário recebe-o com todas as honras e, cheio de entusiasmo, explica-lhe as características técnicas do veículo.

– O senhor está comprando uma verdadeira joia, um carro fantástico, o mais moderno, rápido e confortável do mundo. Este modelo tem todos os avanços da tecnologia mais sofisticada: como pode ver, um computador controla o funcionamento de cada peça do motor. Chega a alcançar 270 quilômetros por hora. Nas curvas, comporta-se como se fossem retas. É silencioso como o vento e confortável como a sua sala de estar... Agora, a manutenção é muito importante. Deve usar apenas o óleo que lhe indicamos; a gasolina deve ser «extra» e sem chumbo. Não se esqueça da pressão dos pneus e, quando trocar o óleo dos freios, por favor, verifique se é da nossa marca...

O comprador escuta-o com um sorriso. Finalmente assina o contrato, passa o cartão e, antes de sentar-se ao volante do carro, diz:

– Bem, agora que o carro é meu, quero dizer-lhe que não estou disposto a submetê-lo a todas essas normas ridículas. Vou pôr óleo quando quiser e, melhor ainda, em vez de óleo usarei sempre geleia de laranja, que é a de que mais gosto. Vou deixar os pneus cheios como balões, porque gosto de dar pulinhos pela estrada; na bateria, porei água mineral com gás e, em vez de gasolina, vou usar uísque para dar mais emoção à vida...

Não é preciso dizer que, umas dezenas de quilômetros mais tarde, o carro estará pronto para o ferro-velho.

Vamos à explicação. Quando falamos de Moral, é importante perguntar, antes de mais nada, quem somos e o que somos. Se o homem fosse um mero produto do acaso em cega e perpétua evolução, não faria nenhum sentido averiguar se os nossos atos são «bons» ou «maus». Bons...

para quê ou para quem? Dar-nos-íamos por satisfeitos com que fossem úteis, agradáveis ou civilizados. No fundo, este é o grande problema dos que pretendem elaborar uma ética negando qualquer dependência do homem em relação a um Ser transcendente. Se Deus não existisse, o homem seria o seu próprio criador, o dono, em última instância, do bem e do mal. Tudo seria permitido.

Mas somos criaturas. Fomos projetados por Deus com muito maior precisão e carinho que o melhor dos automóveis. Temos um corpo esplendidamente concebido e uma alma capaz de conhecer e amar o próprio Criador.

O homem está em condições de penetrar, com a sua inteligência, nos mais complexos mistérios da natureza, de conservar esses conhecimentos e transmiti-los de geração em geração, criando um patrimônio cultural que tornará possível futuros avanços. O talento humano pode transformar a matéria e deixar nela a marca do espírito: consegue humanizá-la e elevá-la. Por meio da arte, atrevemo-nos até a chamar-nos criadores. Com efeito, criamos beleza com o som, com as cores, com o barro ou com as palavras.

Mas há mais. O ápice da nossa grandeza reside em que somos livres, senhores dos nossos atos. Ninguém nos dirige (como acontece com o carro da nossa história), antes é a nossa vontade que escolhe autonomamente o seu caminho.

* * *

No entanto, convém dizer uma coisa que, à primeira vista, pode parecer uma banalidade, mas que talvez não o seja: a nossa natureza – o que somos –, ao tornar possível a nossa liberdade, ao mesmo tempo a limita; ou, para dizê-lo de outro modo, somos livres porque somos homens. Portanto, toda ação que atente contra o que somos essencialmente, por muito livre que pareça, destrói a própria liberdade, porque nos desumaniza. Numa palavra, da mesma maneira que o carro da nossa história, também nós viemos ao mundo com um manual de instruções. E, se tentássemos passar por cima dele, aconteceria conosco o mesmo que com o carro lubrificado com geleia.

Um exemplo. Ricardo («Dinho») Lopes, um intrépido adolescente, decide que não está disposto a submeter-se à lei da gravitação universal. Quem esse tal de Newton pensava que era? Ele, Dinho, é livre e nenhuma norma será capaz de detê-lo. Portanto, toma distância, corre, lança-se pela janela do quinto andar e... atenta contra a lei da gravidade? Sem dúvida, alguém poderia expressá-lo desse modo; mas receio que o nosso rapaz atente principalmente contra a sua cabeça, porque a lei da gravidade permanece imutável e impertérrita.

No fundo, o pobre Ricardo, que Deus o tenha, ignorava que nós, os homens, não somos «liberdade» em estado puro, mas animais racionais – *pessoas* – livres e que o nosso manual de instruções inclui a maneira de cuidar do nosso corpo para que não se deteriore. Se tivesse vivido o suficiente, o Dinho teria aprendido, por exemplo, que não é natural comermos tudo o que nos apetece e quando nos apetece, porque existem venenos muito apetecíveis; e que também não é bom tomar todo o sol que o corpo pede, nem encher o fígado de álcool ou respirar nicotina em doses elevadas.

Encontramo-nos, pois, diante do aparente paradoxo de que, no exercício da sua liberdade, o homem pode corromper-se, incapacitar-se para ser autenticamente livre; e que, da mesma maneira que somos capazes de espatifar a cabeça ou de destruir o fígado, podemos também amolecer a vontade, corromper a inteligência, desnaturar a sexualidade, e assim sucessivamente. No uso insensato da liberdade, corremos o risco de perdê-la por completo, acorrentando-nos a servidões alienantes, se não aviltantes.

Esse manual de instruções da alma é o que os filósofos designam por *Lei Natural:* um conjunto de leis não escritas em lugar algum, mas acessíveis a todos os que estão em seu são juízo. A maior parte das exigências morais que a Igreja nos ensina é, pura e simplesmente, a aplicação dessa Lei e tende, portanto, a tornar-nos mais humanos, mais livres, mais fortes e mais felizes.

A Lei Natural existe desde que o homem é homem. Define o que somos: seres racionais, com corpo e alma. «Expressa – como diz o *Catecismo da Igreja Católica* – a dignidade da pessoa e estabelece a base dos seus direitos e deveres». É divina, porque Deus é o autor da nossa natureza e «mostra ao homem o caminho que deve seguir para praticar o bem e alcançar o seu fim» (n. 1955). É imutável e permanece ao longo das variações da História. Mesmo quando se chega a renegar os seus princípios, não se pode destruí-la nem arrancá-la do coração do homem. «Ressurge sempre na vida dos indivíduos e das sociedades» (n. 1958). «Nos seus principais preceitos, está exposta no Decálogo» (n. 1955), e as suas exigências são às vezes difíceis de viver; mas o seu cumprimento, na medida em que nos aproxima de Deus, torna-nos mais humanos, mais fortes, *mais livres*. Afeta também o nosso relacionamento com o próximo. E mais: «estabelece a base moral indispensável para a construção da comunidade humana» (n. 1959).

O natural não coincide com o espontâneo, com o gosto ou com o sentimento do momento. A natureza pode exigir aos gritos uma injeção intravenosa, uma operação cirúrgica ou a extração de um dente; são situações que, em geral, não se costuma enfrentar com muito entusiasmo.

Quando violamos a Lei Natural (peço desculpas pela insistência), não só ofendemos a Deus, como também nos vamos corrompendo pouco a pouco. E, quanto mais grave for a infração, tanto maior será o descalabro que se produzirá em nós.

Basta pensar, por exemplo, nas consequências da obsessão sexual em que o mundo ocidental parece ter submergido há algumas décadas.

Vamos falar claramente: não tem sentido dizer que esta ou aquela doença é um castigo divino; mas vem a calhar aquele ditado muito conhecido: «Deus perdoa sempre; os homens, algumas vezes; a natureza, nunca».

Consciência com óculos

– E a minha consciência?
– Que tem a sua consciência?
– Bem, é que me ensinaram a vida inteira que a consciência é livre. Ou seja, que, se penso que uma coisa não é pecado, posso fazê-la com toda a paz. E ninguém me pode impor o contrário.
– Tem certeza?
Marcelo não tinha certeza de coisa alguma; mas este foi o tom da nossa conversa quando acabei de explicar-lhe aquelas coisas sobre a Lei Natural.
Aparentemente, tinha compreendido tudo às mil maravilhas, mas, cada vez que tocávamos algum ponto concreto, insistia em que a sua consciência era a *sua* consciência – afirmação, aliás, irrefutável –, e eu procurava convencê-lo de que existem normas morais objetivas. No fim, acho que tudo ficou bastante esclarecido.

* * *

Segundo o *Catecismo da Igreja Católica,* a consciência moral é:
– «um juízo da razão pelo qual a pessoa humana reconhece a qualidade moral de um ato concreto que

pensa realizar, que está realizando ou que já realizou»
(n. 1778);

– «uma voz que se faz ouvir, no momento oportuno,
na intimidade do coração» (n. 1776);

– «o centro mais secreto e o santuário no qual o homem se encontra a sós com Deus, cuja voz se faz ouvir
na intimidade do seu ser» (n. 1776);

– isto significa – continuamos a ler o *Catecismo* – que
«é pelo juízo da sua consciência que *o homem percebe e
reconhece as prescrições da lei divina»* (n. 1778).

Grifei estas últimas palavras porque expressam perfeitamente em que consiste o ato da consciência. A consciência é como um juiz de primeira instância (a última
será o próprio Deus), cuja missão consiste em conhecer
a norma e aplicá-la ao caso concreto: não em mudar as
leis nem em ditar a sentença baseando-se em impressões
ou sentimentos, mas em normas objetivas.

É evidente que, como qualquer outro juiz, a consciência profere de vez em quando sentenças errôneas, que, no
entanto, devem ser executadas, desde que o erro não seja
culposo. Pode até adoecer ou ficar louca; mas isto não
significa que a lei moral tenha deixado de ser o único caminho objetivo para se cumprir a vontade de Deus.

Um juiz ignorante, prevaricador ou corrupto, que
desse as suas sentenças de acordo com o seu estado de
ânimo, que pusesse as leis entre parênteses e se fiasse somente da sua visão da vida ou dos seus interesses pessoais, seria uma ameaça pública. Do mesmo modo, uma
consciência sem ciência, deformada ou enferma, pode
levar a cometer, até de boa-fé, as maiores atrocidades.

– Mas, um momento... Vamos ver: a minha consciência é ou não é livre?

– É claro que é, Marcelo. A sua consciência é libérrima e autônoma... em face dos outros. «Ninguém pode ser obrigado a agir contra ela» (n. 1782). Portanto, não tenho o menor direito de inculcar-lhe a lei moral a marretadas, nem de impedi-lo de viver de acordo com o que lhe dita a consciência. Mas essa liberdade não nos exime de responsabilidade diante de Deus. Temos o grave dever de formar o juiz que trazemos dentro de nós, evitando que julgue com excessivo rigor ou com intolerável brandura. Deus há de pedir-nos contas dessa tarefa.

Ao chegarmos a esta altura, decidimos mudar de exemplo. A vida moral é como uma viagem, e certamente cheia de peripécias. O caminho é Jesus Cristo – Ele mesmo o disse – e tudo aquilo que o amor a Jesus Cristo comporta, isto é, a Lei Moral objetiva. A meta é Deus, o Céu, a vida eterna. As placas de trânsito, as indicações dos policiais, os semáforos etc. são outras tantas normas que nos ajudam a não acabar na valeta. O combustível, a graça divina, que nos põe em marcha e impede que paremos.

– E a consciência?

– A consciência é o motorista; ou melhor, os olhos do motorista, que decidem inapelavelmente onde está o caminho, como se toma cada curva e em que momento convém mudar de marcha, acelerar ou pisar no freio. Um bom motorista só confia no que vê. As advertências e os palpites dos acompanhantes («Mateus, cuidado com o cruzamento; acelere um pouco; engate a terceira»...) entram por um ouvido e saem pelo outro, e faz bem: são os seus olhos que comandam. Daí que, se for prudente, tomará todo o cuidado com eles: irá ao oftalmólogo quando necessário, usará óculos escuros para evitar reflexos e ofuscamentos. Numa palavra, cuidará de que a sua visão seja perfeita, de que nunca o engane. Porque os olhos podem ficar doentes. E a consciência também.

As doenças e anomalias da consciência parecem-se bastante com as da vista. Por isso, confiando em que os oculistas que me leiam me perdoarão, arrisco-me a dizer algumas barbaridades oftalmológicas.

1. *Miopia moral*... Míope é aquele que não enxerga de longe. Em contrapartida, a curta distância é uma águia: detecta até os mínimos detalhes. Nada melhor do que um míope profundo para ler, quase que por fricção, os caracteres mais minúsculos de uma moeda ou de um selo. Porém, sem óculos, a sua visão só alcança uns poucos metros. O caso mais surpreendente é o do meu amigo Ronaldo, míope desde a infância, que graduou a vista pela primeira vez aos quinze anos e descobriu que as casas tinham um telhado em cima.

– Nunca teria imaginado que era assim, cara.

– Mas então você nunca havia visto a parte de cima dos prédios?

– É claro que sim, na televisão e nas fotos... Também não sou cego. Mas assim, ao vivo...

A consciência míope costuma ser chamada de *escrupulosa*.

O escrupuloso fica obcecado com ninharias, que o angustiam e lhe tornam insuportável a luta. Vê pecados por toda parte e é incapaz de olhar mais longe: não enxerga a grandeza, a bondade, a misericórdia de Deus, o amor – que é a única coisa importante –, a dignidade da nossa condição de filhos de Deus.

Pobres escrupulosos! A sua miopia os faz sofrer, encerrados no seu mundo de pecados imaginários. Costumam ser pessoas excelentes, mas precisam de alguém – de um bom diretor espiritual – que os vá libertando pouco a pouco das suas obsessões. A coisa tem conserto, desde que sejam dóceis e deixem que lhes graduem a vista para verem melhor de longe.

2. *Hipermetropia.* Hipermétrope era, provavelmente, o meu avô, que aos setenta e tantos anos nos levava a ver o mar e era capaz de distinguir muito antes que qualquer um dos seus netos os barcos que se aproximavam. Percebia-se que, por ter sido marinheiro quando jovem, a pupila lhe ficara cravada na linha do horizonte. Mas, a meia e curta distância, precisava de óculos.

A hipermetropia moral é uma anomalia frequente e até simpática. É a característica de muitas pessoas que talvez se autodefinam como gente de *espírito amplo,* de vastos horizontes; compreensivas, nem um pouco maníacas quanto aos detalhes. Pessoas capazes de transigir em tudo, sempre dispostas a encontrar uma exceção quando a norma se mostra muito exigente. Não são nada partidárias de falar de pecados, muito menos de pecados *mortais.* São versados em tranquilizar consciências – especialmente a própria –, anestesiando-as com magníficos delineamentos teóricos, que têm a vantagem de não exigir nada de concreto.

À consciência hipermétrope costuma-se chamar mais comumente consciência *laxa, relaxada, aburguesada* ou *mão-aberta.* Nasce da tibieza e é difícil de ser curada. Os que a têm precisam de uma conversão espiritual de alto a baixo e de uns óculos para perto, que os façam descobrir a grandeza que se esconde nos pormenores.

3. *Astigmatismo, daltonismo e síndromes diversas.* O astigmatismo, ao que parece, distorce as imagens, alargando-as ou achatando-as. Li há anos – e pareceu-me uma frivolidade – que El Greco era astigmático e, por isso, pintava essas figuras levemente estilizadas.

Assim são, do ponto de vista moral, os que tendem a deformar caprichosamente o valor moral dos seus atos e consideram grande o que é pequeno e pequeno o que é grande, como aqueles fariseus do Evangelho, que *coavam um mosquito e engoliam um camelo* (Mt 23, 24).

Vemo-los ainda hoje, e em abundância: por exemplo, esses ladrões por atacado que não abrem mão de manter até ao escrúpulo os princípios morais da vida familiar ou de observar o preceito da missa dominical; ou esses outros que se gabam com sinceridade da sua honradez na vida pública e – com a mesma «sinceridade» – não dão importância ao fato de terem uma vida particular lamentável. Mais adiante dedicarei algumas páginas a esta questão.

Como se pode ver, a imagem rende bastante. E ainda poderíamos falar do *daltonismo* moral, que impede de distinguir as cores do certo e do errado com precisão; do *estrabismo,* que suprime o relevo dos objetos e faz perder a perspectiva, incapacitando o portador de ver a gravidade das suas atitudes; ou daqueles que, com algum esforço, conseguiram silenciar a sua consciência e se tornaram *cegos* por completo, os quais, mais que de óculos, precisam de um autêntico transplante de córnea.

Mas o tema é amplo, e preciso de pelo menos mais um artigo. Trataremos, pois, da formação da consciência.

– Formar a minha consciência, você disse? Não estou de acordo. Essa história de «formar a consciência» cheira-me a lavagem cerebral.
– Certo, Marcelo. Vamos chamá-la então de cerebrofagia.

A cerebrofagia

Formação é um substantivo de prestígio incontestável. Está na boca de todo mundo – o que também acontece com o seu sinônimo «educação» – e faz-se acompanhar de numerosos e variados adjetivos. Fala-se até à saciedade de formação profissional, física, técnica, cívica, intelectual, continuada, democrática, permanente, sexual, sanitária... E todos estão de acordo em afirmar que a formação é um direito, que o seu nível indica o grau de desenvolvimento de um país, que é garantia de liberdade e que não há investimento mais necessário que aquele que se destina a formar cidadãos.

Formar-se é um verbo que quase sempre se emprega assim, na forma reflexiva, uma vez que, a rigor, ninguém forma nenhum outro se esse «outro» não colabora. É o homem – o seu espírito criador – quem se transforma a si mesmo, quem, no exercício da sua liberdade, modela o seu próprio corpo e educa a sua alma até adquirir a forma definitiva, quem *se realiza:* desenvolve a sua inteligência, potencializa ou atrofia a sua vontade, adquire hábitos, cria a sua própria linguagem e até «espiritualiza» o seu corpo – as mãos, a expressão do rosto, os gestos – para colocá-lo a seu serviço.

Esta capacidade de nos formarmos a nós mesmos distingue-nos essencialmente dos animais: as aves, por exemplo, poucos dias depois de nascerem – algumas quase imediatamente – já estão em condições de abandonar o ninho; e, tão logo alcançam o seu completo desenvolvimento, realizam perfeita e monotonamente as mesmas quatro coisas que fizeram todos os seus antepassados: voar, comer, reproduzir-se e cantar. Já o homem, quando nasce e ainda por vários anos, é o animal mais indefeso e inútil da natureza. E o motivo é que se trata de um ser espiritual, que deve completar pessoalmente a tarefa criadora que Deus começou, dando a si mesmo a forma definitiva.

Até aqui, não parece haver dúvida de que estamos todos de acordo. Porém, é curioso: tenho a impressão de que, quando do substantivo «formação» se pendura o adjetivo «espiritual», a palavra perde toda a sua boa reputação, pelo menos entre grande parte dos meus amigos. Dir-se-ia até que, para a mentalidade de alguns, «espiritual» e «formação» são conceitos que se repelem entre si.

Com efeito, há pessoas que, quando falam de questões religiosas ou espirituais em sentido amplo, é como se mergulhassem bruscamente no mundo dos sonhos ou da poesia, daquilo que só se alcança pela via dos sentimentos, sempre inefável, confusa e inacessível aos outros.

Refiro-me a essas pessoas que nunca falam de convicções ou de verdades de fé, mas de *sentimentos* religiosos; aos mesmos que, para expressarem a sua repulsa à blasfémia, à pornografia ou às mil inconveniências que nos assaltam diariamente, dizem que isso tudo fere a sua *sensibilidade*. Sobre a oração, garantem que só a praticam quando *sentem* necessidade e que a praticam porque assim *se sentem* melhores: como se a oração fosse uma espécie de sedativo ou uma técnica para emitir suspiros.

– Quanto a mim, a oração deixa-me completamente relaxado – contava-me um garoto de quinze anos.

* * *

Entendam-me, não é que eu tenha alguma coisa contra os sentimentos, muito pelo contrário: é evidente que os sentimentos das pessoas falam da sua índole pessoal e moral. A riqueza afetiva, a finura da própria sensibilidade, é sinal de nobreza de alma. Dizer de alguém que é uma pessoa «sem sentimentos» é o mesmo que dizer que não passa de um miserável. Mas vejamos, você não está começando a ficar um pouco enjoado de tanta orgia sentimentaloide, de tanta espiritualidade de filme água-com-açúcar, das hemorragias afetivas que tudo justificam, da moral de telenovela mexicana que confunde fé com geleia, oração com poesia e a Igreja com o mundo encantado de Walt Disney?

Mas vamos em frente. É natural que, ao situar a fé e o fundamento de toda a vida cristã nesse nível tão etéreo, resvaladiço e cambiante do puro sentimentalismo, a formação moral não tem o menor sentido: não se entende e, de qualquer modo, será sempre supérflua. Haverá alguém que me possa dizer o que *devo* sentir a respeito de Deus, do pecado ou da graça? Quem se atreverá a violar o *íntimo sacrário* da minha consciência?

Idiotices desse tipo, e ainda piores, podemos ouvi-las dos que consideram a fé, não como um «dom razoável», condizente com a razão, como dizia São Paulo (cf. Rm 12, 1), mas como um vago fenómeno sentimental, que não se sabe muito bem de onde procede, nem onde radica, nem em que se concretiza. Para essas pessoas, a consciência moral não é um ditame racional nascido da inteligência e que mergulha as suas raízes no conhecimento da Lei divina, mas um puro sentimento de culpa ou de inocência, que brota Deus sabe de onde, que não se apoia em nenhuma norma objetiva, que muda com as estações do ano, com a idade ou com o estado de ânimo e que converte o «isto é correto (ou errado) para mim» em norma suprema de moralidade e em refúgio inexpugnável diante de quem quer que pretenda convencê-las do contrário.

É claro que a consciência concebida desta forma está sujeita a todo tipo de influências externas. E não me refiro a influências pensadas e racionais, que todos os seres humanos recebem. Os argumentos não têm nenhum peso para os que se entrincheiram no «para mim». Porém, tudo o que afete a sua sensibilidade, que excite ou anestesie as suas emoções, pode fazê-los mudar de sentimentos morais ou religiosos.

Vejamos um exemplo desta epidemia de sentimentalismo moral que nos invade: Mrs. Harmon – veneranda anciã britânica – toma o chá com a sua sobrinha Nancy na página 123 de um conhecido romance policial:

– Simplesmente repugnante, querida. Absolutamente obsceno. Imagine, o coitado do animal cheio de sangue, com aquele olhar triste... e o toureiro, num gesto de crueldade, arrancou-lhe a orelha. Simplesmente obsceno!

— Tia Dorothy — responde a sobrinha —, a senhora seria capaz de comer um animal vivo, enquanto agoniza torturado em ácido cítrico?
— Que tolice, querida! Não sei onde lhe ensinam essas atrocidades...
— Foi o que fizemos ontem, a senhora e eu, quando comemos aquela meia dúzia de ostras com limão, lembra-se?

* * *

Mônica — quinze anos, ensino médio, em plena adolescência — está falando com a sua amiga Maitê:
— Olhe, querida, a mim ninguém me manipula. Em assuntos de consciência, o melhor é você fazer o que sente em cada momento porque, caso contrário, nem é autêntica, nem tem personalidade nem nada...
— Sabe o que penso? — responde Maitê, que de vez em quando fala como um deputado. — Que, com as duas ou três horas de televisão que você enfia na cuca diariamente, fica com a cabeça muito mais lavada, passada a ferro, programada e pronta para repetir tolices do que com dez minutos semanais de conversa com um sacerdote que a oriente espiritualmente. Parece-me que um pouco de leitura e quinze minutos de oração não fazem a cabeça de ninguém.

Não sei se tudo isto está parecendo um pouco confuso. Vamos ver se consigo esclarecer as coisas.

Mrs. Harmon é uma dessas pessoas de consciência levemente farisaica, que distinguem o bem do mal em função da sua sensibilidade. A resposta impertinente da sobrinha Nancy talvez seja uma boa forma de ajudá-la a formar a sua consciência. O caso é que, *objetivamente,* entre matar um touro e comer uma ostra viva não existe a menor diferença moral[1].

A Mônica, além disso, com o seu pânico pela cerebrofagia, na realidade tem o cérebro absorvido por esses conteúdos para adolescentes que os meios de comunicação propagam. É um caso clássico de *autocerebrofagia televisiva*. Maitê tem toda a razão: a sua amiga precisa de uma cura de desintoxicação mental que a ensine a pensar por conta própria.

Consciência é outra coisa. Já o dizíamos no capítulo anterior: radica na inteligência, e não no coração nem em nenhuma outra víscera mais ou menos prestigiosa. Temos a obrigação de formá-la (da mesma maneira que vamos ao oftalmologista e, se necessário, passamos a usar óculos) para que o seu ditame seja correto e não se deixe influenciar pela espontaneidade mole e pela magnífica condescendência que todos sentimos por nós mesmos.

«A educação da consciência – torno a citar o *Catecismo* – é tarefa de toda a vida [...], garante a liberdade e gera a paz de coração» (n. 1784).

E os meios? Também estão no *Catecismo* (n. 1785): o estudo, a leitura e a meditação da palavra de Deus; o exame de consciência sincero, de olhos postos na Cruz do Senhor; e o testemunho e conselhos dos outros.

É desnecessário dizer que seríamos responsáveis diante de Deus pela nossa possível falta de formação moral

---

(1) Sublinho «objetivamente» porque, com efeito, nem a ostra nem o touro são, falando de maneira estrita, sujeitos de direitos. Não se peca, propriamente, contra os animais. Mas é indubitável que, no âmbito subjetivo, o homem pode pôr mais sanha ou crueldade em matar um touro – por que não? – do que em torturar uma ostra com sumo de limão. Neste caso, a qualificação moral desses atos talvez possa ser diferente.

se, dispondo dos meios ao nosso alcance, não os quiséssemos empregar.

Uma consideração sobre a direção espiritual, que é um meio que assusta tanta gente. O meu amigo Tiago a elogiava há tempos, com estas palavras:

– É como um banho. Você chega cansado, suado, com uma sobrecarga de idiotices nas costas, e sai refrescado, leve e com a consciência limpa. Ainda por cima, esclarecem-lhe as dúvidas, e as suas preocupações ficam com o padre. E de graça!

O «gostismo» moral

– Reconheço, sou um sem-vergonha; mas pelo menos sou consciente disso. O pior é que os meus amigos são tão sem-vergonhas quanto eu e não o sabem...

O sem-vergonha chama-se Felipe e, quando diz essas coisas, tem nos olhos uma expressão entre ingénua e aflita, capaz de comover uma múmia.

– Ou seja – disse-lhe –, você tem uma cara de pau monumental.

– Sim, claro; mas isso não é novidade. O que quero dizer é que, quando eu e os meus amigos saímos com as garotas para tomar umas e outras... e depois... bem, o senhor me entende... É que eles acham que é isso o que se deve fazer; quer dizer, se você gosta, praticamente tem obrigação de fazer... E o meu problema é que não sei o que lhes dizer porque, no final das contas, faço a mesma coisa.

Nunca me haviam proposto uma questão de moral como essa, e fiquei pensando se a solução não exigia, como primeira providência, atirar à cabeça do Felipe o cinzeiro de metal que estava na mesinha ao meu lado. Não o fiz porque o rapaz tinha cinco ou seis por cento de razão. Com efeito, quando se ofende a Deus, pelo menos é esperançoso ver que o sismógrafo da consciência continua a funcionar. É verdade que ter consciência da maldade dos nossos atos agrava a nossa responsabilidade; mas ter a alma atrofiada é ainda pior, porque torna mais difícil qualquer mudança.

A nossa conversa, contudo, tomou outro rumo a partir do problema que tanto alarmava o rapaz.

– Que eles se comportem como animais, ainda posso entender. Mas não me venham com essa de que é obrigatório!

Assim começou a conversa, a qual eu continuei contando-lhe, à minha maneira, a história da moral hedonista.

* * *

Aristipo de Cirene viveu no século IV a.C. e, portanto, é pouco provável que se ofenda se o qualifico de *hedonista selvagem*. Porém, se realmente disse o que dizem que disse, foi o criador do sistema moral mais destruidor de todos os que os homens inventaram.

As suas ideias – simples e rotundas – podem ser resumidas assim:

1. O prazer é o bem e a dor, o mal.
2. Os chamados «prazeres do espírito» não são prazeres na realidade. Só contam os prazeres sensíveis.
3. Vale mais um prazer no presente do que cem no futuro.
4. A virtude está em escolher, entre os prazeres, o mais intenso. Esse é o papel da *fronésis* ou prudência.

Pode-se dizer, portanto, que Aristipo elaborou toda uma moral a partir do prazer, mas é mais exato afirmar que a sua doutrina é uma antimoral, uma tentativa de livrar-se na marra de qualquer postulado ético. Daí que repugne às consciências civilizadas e ninguém se tenha atrevido a defendê-la a sério.

Melhor sorte tiveram os epicuristas.

Epicuro é um século mais novo que Aristipo, bem mais civilizado e de gosto mais refinado: criou o que poderíamos chamar *hedonismo sem cafeína*. Lamentavelmente, o refinamento nunca teve transcendência moral, o que quer dizer que, no fundo, a sua doutrina é tão repugnante como a do seu antecessor.

Epicuro também se mostra obcecado unicamente pelo prazer, mas por um prazer calmo, sem riscos nem ressacas, seguro, bem calculado, confortável e sem paixões extremas. Epicuro fala – e bem – do «prazer espiritual», mas é de duvidar que saiba o que é o espírito. Mais parece um gastrônomo que um moralista. No entanto, propõe-se estabelecer algumas normas de conduta e elabora uma complicadíssima aritmética de prazeres, com a pretensão de que encontremos nela o caminho da felicidade.

Um filósofo dos nossos dias, Daniel Innerarity, escreveu que «o ser humano tem a peculiar mania de ser incapaz de viver sem deveres; e os deveres, como a energia, não se destroem: transformam-se». Talvez seja esta a «contribuição» de Epicuro para o hedonismo selvagem de Aristipo: deu-lhe honorabilidade, descafeinou os prazeres e os converteu em obrigatórios. Com efeito, acontece que nós, os humanos, gostamos de ter a impressão de que cumprimos a lei para podermos dormir com a consciência tranquila. Há casos em que consegui-lo é excessivamente trabalhoso, mas o hedonismo *light* encontrou uma solução simples: obrigar-nos em consciência... a desfrutar da vida o melhor possível. Mas, isso sim, sujeitando-nos a umas normas presumivelmente morais, para que o prazer, buscado como meta suprema, não nos traga ressacas indesejáveis.

A estes princípios se ajusta essa espécie de moral laica que existe em todos os lugares e que se apresenta quase como uma religião oficial de Estado, a qual se prega nos suplementos dominicais da imprensa e nos púlpitos televisivos e que tende, não a formar, mas a domesticar cidadãos aburguesados e dóceis.

Esta moral tem, como todas, o seu ideal de felicidade, as suas virtudes, os seus pecados e os seus mandamentos. O ideal de felicidade do epicurista poderia ser representado por um pequeno animal em bom estado de saúde, bronzeado sem excesso pelo sol, gastrônomo, esportista, bem acompanhado e com a televisão *plugada* na veia.

As suas virtudes podem chegar ao heroísmo. Por que não? É inacreditável o que podem fazer os hedonistas observantes desde que experimentem prazeres novos: mortificam-se até à tortura; jejuam como autênticos ascetas; arrancam a pele ou passam a ferro as rugas; fritam-se em saunas; desconjuntam-se em academias de ginástica; espetam em si próprios estranhas agulhas para evitar a dor; e comem formigas fritas a preços de caviar, em busca de prazeres exóticos.

Para eles, os «pecados capitais» coincidem com as bem-aventuranças que Cristo pregou. Como é que um hedonista há de conseguir entender que os pobres, os que choram, os puros de coração ou os que padecem perseguição por causa da justiça podem realmente ser *felizes?*

Sim, com certeza, também poderiam ter os seus mandamentos. E não seriam muito diferentes destes:

1. Amarás o teu corpo com todo o teu coração, com toda a tua mente e com todas as tuas forças.

2. Nunca ficarás doente. Mas, se ficares, pagarás qualquer preço para curar-te. E um corpo irremediavelmente doente não pode usufruir dos prazeres; é melhor eliminá-lo.

3. Comerás alimentos com fibra, evitarás o colesterol, farás *footing* ao amanhecer e não fumarás, exceto nos lugares para fumantes.

4. Honrarás os teus pais, mandando-os para um bom asilo.

5. Cometerás atos impuros, desde que tomes precauções.

6. Buscarás o prazer onde estiver, mas sem exagerar.

7. Não terás pensamentos desagradáveis, nem falarás de obscenidades como a morte, a alma, a vida eterna etc.

8. Desejarás tudo o que te «der vontade» e procurarás querer tudo o que desejares, até conseguires que a tua vontade propriamente dita e os teus apetites sejam uma e a mesma coisa.

9. Evitarás a dor com todas as tuas forças, a não ser que gostes dela, é claro.

10. Ignorarás o próximo, assim como ele te ignora a ti.

Suponho que isto se esteja tornando excessivamente duro. Talvez você ache que tenho alguma coisa contra o prazer ou que sou partidário do sofrimento, da doença e do colesterol. Apresso-me a dizer que não é assim. Mais adiante iremos falar do sentido do prazer e da dor: é uma questão importante demais para ser despachada em quatro linhas. Mas quero sublinhar o quanto antes que, para um hedonista, a dor não tem sentido, pois o prazer também não o tem: são duas realidades sem porquê nem para quê. Simplesmente não as entende.

O hedonismo – o selvagem e o refinado – é o último e o mais lamentável estágio do materialismo. Era o que vinha a confirmar-me há algum tempo um velho amigo da universidade. Estávamos em sua casa e acabávamos de nos encontrar pela primeira vez depois de mais de trinta anos.

Eu já sabia alguma coisa da sua trajetória pessoal, da sua militância comunista e da sua prosperidade atual; porém, com toda a franqueza, não esperava que se saísse com esta:

– Passei diretamente do marxismo para a gastronomia...

Riu da sua própria piada, fez uma pausa e continuou:

– Onde estava você em maio de 1968?[1] Eu estava aqui mesmo, mas era como se estivesse em Paris. Foi lá que tudo começou a afundar-se. Os velhos ideais comunistas já não serviam. Embora o muro continuasse em pé, percebia-se claramente que por trás não havia nada: apenas meio século de mentiras.

– Nem poderia ser de outra forma – interrompi-o – o marxismo...

– Olhe, você não precisa convencer-me de coisa alguma. – Fez um gesto com a mão, como para afastar da mente um pesadelo. – O marxismo era um monte de lixo... Que descanse em paz. Mas nós, que militávamos no Partido, queríamos fazer alguma coisa pelo povo, mesmo à custa de sacrifícios. Sonhávamos de verdade com uma sociedade igualitária e democrática. Maio de 1968

---

(1) Referência à rebelião estudantil em Paris sob o lema «É proibido proibir». Um de seus mentores intelectuais foi o filósofo Herbert Marcuse, que pregava a libertação sexual mais do que a econômica (N. do T.).

foi a última revolução. Urgia enterrar os velhos sonhos e gozar a vida. Alguns descobriram o sexo. Agora, com o passar do tempo, só me resta a gastronomia.

Tornou a rir, suponho que de si mesmo, e acrescentou:
– O que importa é o prazer, não acha?
– Não, não acho. Importa para quê?
Encolheu os ombros.

Tentei convencê-lo de que a vida é outra coisa; de que temos alma e portanto, somos capazes de amar, com prazer e com dor, na vida e na morte; de que nascemos para a eternidade; e de que isto daqui é um caminho que pode estar cheio de alegria, se conseguimos compreendê-lo.

O meu amigo já não ria, enquanto olhava para o fundo do seu cálice de licor de pera.

Eu não me escandalizo de nada

Era a primeira vez que Rafa falava comigo a sós e, no entanto, olhava-me de esguelha, com aquele ar de espião que assume de vez em quando. Rafa (que, obviamente, não se chama assim) é mineiro, de caráter um pouco arisco e um tiquinho fanfarrão. Está no último ano do secundário e, se for aprovado no vestibular, será engenheiro aeronáutico. O caso é que começamos a nossa conversa falando do voo dos falcões e acabamos por aterrissar no que mais lhe doía.

— Eu não me escandalizo de nada — declarou. — Penso que sou suficientemente maduro para ver qualquer filme.

A tentação de desconcertá-lo foi bastante forte:

— Que coisa! Não imagina que pena tenho de você. Espero que isso passe e logo esteja em condições de escandalizar-se como qualquer mortal.

Responder assim a uma pessoa é correr o risco de que nos mande plantar batatas, mas Rafa limitou-se a coçar o nariz, sorrir a estibordo e dizer:

— Se o senhor não se explica melhor...

Uma simples olhada no «pai dos burros» serviu-me para esclarecer a questão ao meu amigo mineiro (que nem é mineiro, por sinal). Acontece que algumas palavras, à força de tanto serem manuseadas, adquirem significados díspares e até contraditórios; de forma que são utilizadas quase exclusivamente para embaralhar as ideias e tomar o diálogo mais espesso. Este é o caso do substantivo «escândalo» e do verbo «escandalizar». «Escandalizar-se» (na voz reflexiva) significa principalmente assustar-se, alarmar-se e, metaforicamente, rasgar as próprias vestes. Neste sentido, não agrada a ninguém ser considerado assustadiço ou medroso.

Porém, «escandalizar», principalmente na voz ativa, tem também outro significado bem diferente: incitar ou ser ocasião de pecado para outrem. Daí que escandalizar-se (voz reflexiva de novo) queira dizer também cometer um pecado em consequência dessa incitação alheia.

Lamento dar tantas voltas em torno da palavrinha em questão; mas é que há vocábulos que são utilizados mais pelo seu som ou pela sua carga emotiva do que pelo seu significado propriamente dito. E este é o nosso caso. Por isso, ainda que ninguém goste de «escandalizar-se» (assustar-se), todos nós somos «escandalizáveis» (corruptíveis), e quem nunca «se escandaliza» (se assusta) de nada acabará por «escandalizar-se» (por pecar) com mais frequência do que quem sabe «escandalizar-se» (assustar-se) a tempo diante do «escândalo» (incitação ao pecado) dos outros. Ou seja, muitas vezes a melhor defesa diante do «escândalo» (incitação ao pecado) é provocar um «escândalo» no sentido mais patente do termo.

Peço desculpas ao já cansado leitor, mas não havia outra forma mais simples de me explicar. Prometo não tornar a fazê-lo.

Vejamos agora alguns exemplos.

Temístocles, deputado eleito pelo partido A, recebe a visita de Fortunato, do partido B, que lhe oferece uma bela compensação econômica em troca de uma minúscula traição ao seu grupo político. Temístocles deverá apenas enganar-se na Assembleia e apertar o botão da direita em vez do da esquerda à hora de votar eletronicamente um projeto de lei.

– Afinal – argumenta Fortunato –, ninguém vai perceber... Mas, se alguém perceber, você pode alegar que é a primeira vez que vota por esse sistema. Qualquer um pode cometer um engano...

Temístocles olha para Fortunato com o assombro de quem acaba de perder a inocência. Começa a dizer algo, mas Fortunato interrompe-o:

– Escute, você não vai escandalizar-se a estas alturas, não? Estas coisas são normais; podemos falar como gente civilizada.

Chegados a este ponto, o deputado Temístocles tem duas opções.

Primeira: não se escandalizar (quero dizer, não se assustar), ser «adulto», negociar o preço «na alta» e entrar pela porta principal no clube dos escandalizados, isto é, dos corruptos.

Segunda: escandalizar-se como um imaturo qualquer e, se for possível, denunciar o escândalo.

Concordamos em que esta é a atitude correta?

Segundo exemplo.

Maurício instala-se com os pais e a avó diante da televisão. O filme não é ruim, mas o diretor decidiu salpicar o enredo de baixarias, com o objetivo de emporcalhar a cabeça dos espectadores. Na primeira cenazinha, a avó levanta-se e vai buscar um iogurte; a mãe comenta alguma coisa e Maurício finge um bocejo sem perder nenhum detalhe.

Na segunda, a avó põe-se de pé:

– Vou-me deitar, e, se vocês tivessem vergonha, iriam também. Isto é uma porcaria.

– Nem tanto – responde o pai. – O rapaz já é crescido e precisa ver estas coisas... Mas assim, conosco, em família.

Depois dessa solene declaração, já sem avó, todos tragam a gororoba e vão enchendo o cérebro de asquerosos, embora civilizados, pensamentos. É o que se chama escandalizar-se em família.

* * *

Aonde quero chegar com tudo isto? Apenas pretendia fazer notar que, para alguns pseudomoralistas, o vocábulo «adulto» é sinônimo de «insensível», «atrofiado» ou «corrompido».

Há anos, usava-se muito a palavra «liberado/liberada» para expressar a mesma ideia. Aplicava-se principalmente às moças, que, pelo visto, eram quem mais precisava de liberação. Uma mocinha podia considerar-se «liberada» quando não se assustava com as suas próprias atrocidades, sobretudo no terreno da castidade; ou seja, quando o eletroencefalograma da sua consciência dava uma linha plana e, portanto, se achava plenamente «disponível».

Este tipo de mentalidade corresponde a um curioso conceito de moral que se poderia resumir da seguinte forma: «Os nossos atos são bons ou maus conforme firam ou não a sensibilidade própria ou alheia».

«Adverte-se o público (lembra-se desses anúncios?) de que algumas cenas deste filme poderão ferir a sensibilidade dos espectadores».

— Primeira pergunta: essas cenas ferem a sensibilidade porque são ruins?

— É claro que não! — responderá o pseudomoralista. — Na pior das hipóteses, podem ser ruins se ferirem a sensibilidade.

— Então não deveriam ser suprimidas?

— Pelo contrário: é preciso acomodar a sensibilidade média aos tempos. Quando os cidadãos estiverem suficientemente maduros, já não se escandalizarão com estas coisas.

— Então o senhor quer dizer que a maturidade de uma pessoa ou de um povo é medida pelo grau de atrofia da sua sensibilidade?

Não vamos continuar o diálogo, porque receio que venha a zangar-me com o meu interlocutor imaginário, já que este é, na realidade, o critério que procuram inculcar-nos: um adulto — do ponto de vista ético — seria um ser domesticado, conformista, necessitado de enxurradas de esterco para excitar minimamente os seus instintos; capaz de aguentar impávido — e sem interromper a cena — as mais escabrosas imagens televisivas. Ou seja, um fóssil que não se escandaliza de nada, liberado já da sua consciência e acostumado ao fedor do lixo.

* * *

Ser adulto não é a mesma coisa que ser uma múmia: não significa ter a alma calejada nem os sentidos atrofiados.

Trata-se de reagir normalmente perante estímulos normais: revoltar-se com a injustiça, sofrer com a dor alheia, indignar-se ante a mentira e a calúnia.

Trata-se de ser capaz de entristecer-se até às lágrimas e de alegrar-se até o ponto de dar pulos. Consiste em sentir repugnância diante do repugnante e não sentir vergonha da ternura nem da paixão.

Ser adulto é também saber-se vulnerável perante as tentações que fazem mal aos seres normais e não precisar de doses suplementares.

É, por último, ter a coragem de fugir dessas tentações, justamente porque nos afetam. E alegrar-se ao verificar que, com a passagem dos anos, a pele da alma conserva a sensibilidade.

Por isso, a quem lhe soltar essa asneira – «eu não me escandalizo de nada» –, responda-lhe que lamenta muito e que ele devia procurar um médico, na esperança de essa deficiência ainda ter remédio.

Coçar-se e outros prazeres

— O que é o prazer?
Nada como uma pergunta aparentemente simples para semear a desordem numa aula de Moral. A estas horas – passado já o meio-dia e com o calor que faz –, as alunas do terceiro colegial têm uma tendência incontrolável a rastejar sobre a carteira e a permanecer imóveis como lagartos ao sol, com o queixo grudado no caderno, as pálpebras em quarto-minguante e os braços caídos como pêndulos de um relógio que anunciasse a hora da sesta.
Alessandra, que não consegue ficar calada, foi a primeira a intervir:
— O prazer? O gosto, o que nos satisfaz..., Sei lá!
Ana Helena, olhando de esguelha como costuma, achou que era o «contrário da dor»; Marina procurava no dicionário; e, como eu também não me sentia capaz de improvisar uma definição, deixei-as bagunçar para tirá-las do torpor.
Uma vez acordadas e com a cabeça suficientemente confusa, fomos em frente:
— Vocês podem dar-me algum exemplo de prazer?
— Coçar-se...

A resposta de Carla, um tanto desconcertante, serviu para abrir o fogo: comer, beber, espirrar, o prazer sexual, tomar sol, chorar...

No elenco havia poucas concessões aos prazeres mais refinados ou «espirituais». Ninguém falou dos momentos de conversa com os amigos, do gosto pela música ou pela poesia... Mas isso pouco importa, já que, com efeito, chorar quando se tem vontade pode ser um prazer delicioso: disse-o São Tomás, e com razão. E coçar-se no lugar onde fomos picados por um pernilongo também não é nenhuma tolice. São, sem dúvida, prazeres um tanto elementares, mas, talvez exatamente por isso, mais inequívocos e significativos.

Na falta de uma definição melhor, poderíamos dizer que o prazer é a «recompensa que o corpo recebe quando realizamos uma ação boa e mais ou menos necessária ao indivíduo ou à espécie».

É claro que o corpo tem uma série de necessidades ou de exigências que, quando são razoáveis, devem ser satisfeitas. Assim, por exemplo, todos concordamos em que achamos ótimo enfiar pela boca adentro determinadas coisas como omeletes, hambúrgueres, feijoada... E sem necessidade de frequentar nenhum curso especializado, tendemos, como bons mamíferos, a agarrar-nos desde que nascemos ao peito materno ou a determinado artefato de borracha; às vezes, pergunto-me se o atavismo do fumante não será também uma manifestação desta tendência ancestral. Seja como for, chamamos a este fenômeno «instinto» e, graças a ele, a espécie humana não se extinguiu na primeira geração.

A satisfação que se obtém quando se obedece aos instintos será mais ou menos refinada conforme o instinto de que se trate, e mais ou menos intensa conforme a urgência do apetite. Porém, em qualquer caso, esse prazer que o corpo recebe é como um prêmio concedido pela nossa natureza e, em última análise, pelo próprio Deus.

– Portanto, o prazer é bom?

É evidente. Os prazeres naturais são invenções divinas. O diabo, apesar de ser tão velho, não foi capaz de criar um só prazer.

Mentem – ou enganam-se – os que acusam a Igreja de ser contra o prazer. A moral cristã não é repressiva nem masoquista. Os maniqueísmos (essas doutrinas espiritualistas alérgicas às coisas corporais) não são de origem cristã. E os puritanismos desnatados não têm o menor fundamento evangélico.

Vocês não conseguem imaginar Jesus deliciando-se, junto com os demais convidados, com o bom vinho em que Ele mesmo transformou a água nas bodas de Caná? E na praia, ao entardecer, não apreciaria com os Apóstolos o peixe na brasa, prolongando a conversa junto da fogueira? Ou não contemplaria com deleite o pôr do sol na montanha, depois daquela refeição campestre com milhares de pessoas?

– Mas nem todos os prazeres são bons...

A interrupção veio da Patrícia.

– Por exemplo?

– As drogas, o álcool, o cigarro...

Tinha razão. Por isso falamos acima de prazeres naturais. Porque o homem, por ser racional, é capaz de modificar os seus instintos e de corrompê-los até o ponto de criar necessidades autodestruidoras e de pôr em funcionamento estranhas angústias artificiais (a ansiedade do fumante, a síndrome de abstinência do drogado ou do alcoólatra) parecidas com os apetites naturais. Satisfazê--los também proporciona prazer, um falso prazer que pode ser desumano e, portanto, pecaminoso.

– Então os prazeres naturais são sempre bons?
– Vamos por partes.

Acabamos de ver que o prazer é uma recompensa, uma espécie de prêmio. Assim o dispôs Deus *(e viu que era bom,* diz o Gênesis) ao criar o mundo.

A natureza alegra-se, e nós também, quando satisfazemos natural e razoavelmente as necessidades do corpo e do espírito: comer, beber, gerar filhos, tomar sol ou descansar são coisas espetaculares quando têm um sentido. E é bom dar graças a Deus pelas mil satisfações que encontramos nelas.

Todavia, o que importa numa recompensa é que seja merecida, isto é, conquistada a pulso por havermos alcançado aquilo que nos torna merecedores do prêmio. Uma medalha olímpica só tem valor para quem a conquista; para o ladrão, é um pedaço de metal. A satisfação de subir ao pódio só pode ser plenamente sentida por aquele que venceu a prova sem anabolizantes nem favores ilegítimos. Por isso, parece-nos desprezível e ridícula a figura daquele que, dominado pela obsessão de encher os ouvidos de aplausos, faz trapaça. Esse não é um atleta: nem sequer será capaz de entender plenamente a alegria do verdadeiro vencedor. A sua coleção de medalhas não é mais que um mostruário de sucata.

Podemos dizer algo parecido do prazer. Buscá-lo por si mesmo e não pelo seu sentido profundo é, além de uma desordem, uma estupidez. Significa, no fundo, não entendê-lo, porque é despojá-lo de significado. O hedonista, ao pôr o prazer como fim e razão da sua vida, não sabe sequer desfrutar dele: o prazer murcha entre as suas mãos porque um prazer sem finalidade nem sentido é tão absurdo, tão tedioso e frustrante como uma dor sem objetivo.

Vêm a calhar aqui aquelas palavras de Jesus: *Buscai primeiro o Reino de Deus e a sua justiça, e tudo o mais vos será dado por acréscimo* (Mt 6, 33), as quais, aplicadas ao nosso assunto, poderiam ser traduzidas assim:

– Ide fundo. Enchei de conteúdo a vossa vida.

– Aprendei a crescer, a amar, a caminhar rumo ao Céu.

– Sede senhores dos vossos passos, como Cristo o foi.

– Não procureis esquivar-vos à dor, que virá de qualquer modo; nem persigais o prazer, que virá por acréscimo.

– A felicidade é um tesouro, e os tesouros não se buscam: encontram-se.

* * *

O hedonista, o frívolo, o mundano (pode usar o substantivo de que mais goste) não entende o mundo e, por conseguinte, também não o ama. Apenas precisa dele, das suas satisfações. Vai em busca delas agressivamente, como um consumidor que «se consome» numa perpétua síndrome de abstinência. Procura nas coisas aquilo que só Deus lhe pode dar e, como não o encontra, a sua busca torna-se cada vez mais angustiante, mais retorcida e também mais frustrante e desesperançada.

E quando a sua obsessão já parece incurável, o frívolo compreende que a sua pretensão é inútil; que o simples transcorrer dos anos o obriga a renunciar aos prazeres que sempre considerou indispensáveis. Descobre, além disso, que, com o tempo, os velhos sabores que degusta no seu leque de recordações já não são como antigamente. E converte-se num cínico, num reprimido crônico, para quem a vida não tem sentido.

O santo, em contrapartida, compreende o mundo – conhece o seu «manual de instruções» – porque o vê com os olhos de Deus, Criador e Pai; compreende o porquê do prazer e da dor; e usa das coisas com respeito, isto é, com espírito senhoril. Ama o mundo apaixonadamente e não teme experimentar prazer nem sofrer. Pode servir-se de tudo porque sabe que todas as coisas são suas; e pode prescindir de tudo, porque só Deus lhe basta.

No frigir dos ovos, o santo é sempre mais humano, mais alegre e mais divertido do que o frívolo. Olha para as coisas com ternura, com humor e com desapego. E ri-se de tudo, menos de Deus, que é o único bem que lhe importa. Por isso, conserva até o final da sua vida essa chispa de encantamento que brilha nos seus olhos e o amor pelas coisas mais singelas, que o impede de voltar atrás. Porque está sempre «indo».

* * *

– E qual é o sentido da dor?

Érika havia levantado a mão no exato momento em que soava a campainha. Salva pelo gongo!

Sofrer para quê?

– E qual é o sentido da dor?

A questão era importante demais para ser resolvida enquanto recolhíamos o material, e também o é para estas quatro folhas que devo preencher cada mês. Porém, no fundo, que acrescentaríamos se, em vez de quatro, fossem quatrocentas? Não se consola uma pessoa que sofre nem com um ensaio nem com um analgésico.

* * *

A dor. Não vale a pena sequer tentar uma definição.

A dor aprisiona o homem dentro do seu corpo; bloqueia-lhe as comportas da alma e impede-o de olhar para fora; atrofia-lhe o espírito e recurva-o sobre si mesmo.

A dor, do mesmo modo que o gás, tende a ocupar todo o espaço disponível. Penetra em cada célula, em cada recanto: impede o trabalho e o descanso; azeda o caráter e ameaça destruir o que há de bom em nós.

Os animais também sentem dor; mas só o homem, que é espírito, sabe que a sente, ainda que não a entenda; reflete sobre a sua dor e angustia-se. É o espírito, não a carne, que sofre e se revolta.

A dor põe diante dos olhos da alma a evidência da sua corporalidade: faz-nos compreender que somos corruptíveis e, portanto, mortais. Por isso, a alma, que é imortal, acaba por desconcertar-se e se descobre vítima de uma armadilha, mais que nunca prisioneira da carne.

A dor angustia-nos mesmo antes de a sofrermos, quando apenas a pressentimos. Pior que o sofrimento atual é o medo da dor futura, que enche a alma de sombras e a impele a uma fuga impossível.

Para evitá-la, pode-se chegar a atraiçoar os amigos, as ideias próprias, Deus. Muitas vezes, é mais temida que a própria morte. Por isso, há quem escolha o suicídio para não ter de pagar o inelutável pedágio da dor.

Vocês sabem que não estou fazendo literatura. Já aos quinze ou vinte anos é possível ter-se passado pela experiência do sofrimento. Seja como for, cedo ou tarde chega para todos, e devemos estar preparados para recebê-la, como o soldado aguarda na trincheira o ataque do inimigo, sem lhe virar as costas, olhando-o de frente.

* * *

A dor é um mal.

Sei que é um óbvio ululante, como o que escrevi no capítulo anterior – que o prazer é um bem – também o era. Mas é conveniente recordá-lo, porque, do mesmo modo como existem fanáticos espiritualistas, alérgicos a qualquer satisfação do corpo, há também «doloristas» – como os chama Thibon –, que veem na dor uma espécie de valor supremo que se deve fomentar e conservar artificialmente. Como é evidente, semelhante teoria não é cristã. Jesus teve pânico ante a iminência da dor na triste noite do Getsêmani. Custou-lhe sangue aceitá-la. E não a amou por si mesma, mas pelo que havia mais além, pelo sentido que tinha.

– Mas algo de bom deve ter...

Parece que a Gláucia receava que eu carregasse demais nas tintas. Por isso interrompeu-me para comentar que é graças à dor que estamos vivos. Disse-o assim, rotundamente, e tinha razão: quando aparece no nosso organismo uma doença, uma ferida ou uma infecção, surge a dor como mecanismo de alarme, tão incômodo e estridente como os que dão o alerta em caso de incêndio. Aí radica a sua eficácia. A dor grita-nos que há alguma coisa que vai mal e que é preciso tomar providências. Neste sentido, podemos dar graças a Deus por no-la ter enviado: um bom ataque de apendicite, com direito a gemidos e tudo, pode salvar-nos a vida.

Penso, pois, que estamos de acordo em que alguns tipos de dor nos podem ser úteis – e muito, a ponto de nos serem imprescindíveis. Continuam a ser males, mas vale a pena sofrê-los se não existe outro modo de alcançar um bem maior ou de evitar um mal mais grave.

Assim, quem permite que o abram com um bisturi para livrar-se de um apêndice supurado não só quer essa dor, como ainda paga por ela.

A vaidosa madame que deixa que lhe passem a ferro as rugas e lhe estiquem toda a cara, ou que lhe suguem a gordura com sofisticados aparelhos de tortura, ama esse sacrifício com a mesma lógica que o mártir, ainda que as suas razões sejam sensivelmente menos ambiciosas: o mártir quer conquistar o Céu e, para consegui-lo, enfrenta os maiores tormentos; ela só pretende recuperar o paraíso perdido da esbelta juventude e poder enfiar-se de novo nos jeans, que são, na sua fantasia, a vestimenta do Éden.

O mesmo se pode dizer do paciente que, em pleno uso das suas faculdades mentais, visita o tenebroso consultório do dentista; daquele que deixa a pele para vencer uma maratona ou até para chegar em último lugar; e assim sucessivamente.

Em resumo, a dor será menor se for útil, se tiver um sentido.

Os exemplos anteriores ilustram como se pode aceitar a dor até a serviço do egoísmo. Mas também é possível – e, aliás, bem frequente – sofrer em benefício dos outros.

Quando faltavam poucos meses para ter o seu sexto filho, uma mulher jovem garantia-me que ela por nada deste mundo renunciaria à dor do parto; achava que essa dor era uma forma de entrega ao filho que iria nascer. É claro que não estou dizendo que o parto sem dor seja menos generoso. Penso que ela também não pretendia dizer isso. Limito-me a transmitir uma experiência alheia, que me parece digna de respeito e mesmo razoável.

Todos nós poderíamos citar exemplos cotidianos de pessoas que se sacrificam generosamente, talvez até o heroísmo, para que alguém seja um pouco mais feliz. Não as privemos dessa dor, porque é o que lhes dá sentido à vida: para essas pessoas, a dor não é um mal, mas um tesouro. Haverá alguém que não entenda isso?

Gedalva era uma velha empregada doméstica que conheci há meses. Assisti-a nos seus últimos dias de vida e tenho a certeza de que está no Céu. Quando a vi pela primeira vez, estava sentada numa poltrona, com uma manta sobre os joelhos e tremendo como vara verde. A dona da casa pôs-me a par da situação:

– O médico diz que está morrendo... E não sabemos de quê. Até há alguns meses, tomava conta das crianças dia e noite. Matava-se de tanto cuidar delas. «Não sei como você as aguenta, Gedalva, dizia-lhe eu... Deixe-as estar por aí. Não as mime tanto». Mas ela privava-se até de dormir... Basta dizer-lhe que, quando a minha filha teve um problema de rins (nada de mais sério), quis doar os seus para o caso de ser necessário um transplante. Imagine só, se a pobrezinha tinha condições para transplantes... Bem, há dois meses tivemos de pedir-lhe que parasse de trabalhar; quase não enxergava mais, tínhamos medo... Continua a morar conosco, mas foi-se apagando. O médico diz que está morrendo... O senhor compreende uma coisa destas?

* * *

— E se a dor não serve para nada?
Érika tem a habilidade de fazer a pergunta oportuna na hora certa.
— A quem pode servir, por exemplo, que eu tenha uma doença grave, um câncer?
— E a quem servia — respondi-lhe — todo esse desvelo de Gedalva, quando já estava quase cega e, mais que uma ajuda, era um estorvo e até um perigo?
— Imagino que a ela mesma... Era a sua maneira de estar viva, não?
Sim. E, principalmente, era a única forma de amar que lhe restava. Ou melhor, *a única forma de amar que existe*.
Jesus Cristo desvendou-nos este mistério. Ensinou-nos que o amor é, antes de tudo, dom de si. Não ama mais quem mais goza da vida, mas quem vive até as últimas consequências esse «dou-te a minha vida» que

dizemos tão facilmente, como se fosse uma pura imagem lírica.

Dar a vida é, evidentemente, uma loucura. Só os seres dotados de espírito podem fazê-lo. E a entregamos em cada gesto, em cada renúncia, a cada minuto; mas sempre, necessariamente, com dor, porque o nosso ser resiste a esse enorme «desperdício» de vida que é o amor. É por isso que todas as pessoas apaixonadas que há no mundo sonham com o sofrimento. Cristo tornou realidade o seu sonho e *amou-nos até o fim* (Jo 13, I) com a sua Paixão e a sua Cruz.

Deus não quer a nossa dor... Para que lhe serviria? Mas nós, sim, precisamos dela, porque é a nossa forma de amar, de estarmos vivos, de entregar a alma. Como poderíamos dá-la se não existisse o sacrifício?

Isto é o que revela a Paixão e Morte de Cristo; esta é a mensagem que Jesus quer mandar a todos os homens, incluídos os não cristãos. Do alto da Cruz, Ele nos diz que nenhuma dor é inútil, que nenhum sofrimento deveria permanecer estéril. Porque cada golpe que Deus envia ao homem é uma moeda de ouro que pode ser investida no amor, na doação de si mesmo: ou seja, na alegria.

4. A bolsa de valores morais

Que têm em comum a sujeira, a corrupção, o sexo, os decimais, o ensimesmamento e o esforço?
Receio que não muito. Mas serviram-me de pretexto para falar de castidade, de fortaleza, de magnanimidade e até do diálogo do homem com Deus.
Imagino que alguns irão pensar que tiro as coisas do seu lugar, uma vez que a sujeira não tem a menor transcendência moral, nem são tão maus os fones de ouvido – que nos permitem ouvir música sem alvoroçar a vizinhança –, nem o telefone celular é o culpado do amolecimento generalizado das meninges ocidentais.
Imagino também que o desfalecido leitor não faz nem a menor ideia do que estou falando neste momento. Mas a coisa tem conserto: leia os próximos capítulos. Ao revisá-los, disse a mim mesmo que talvez tenha exagerado um pouco em alguns deles. Concordo; separem vocês mesmos o trigo da palha, o sério do ligeiro e o importante do trivial.

As virtudes no mercado

Os valores éticos parecem-se com as operações da Bolsa, cujas cotações sobem e descem no mercado sem que ninguém saiba muito bem por quê.

Já comentamos que a *sinceridade* está em alta nos últimos tempos, que é um valor sólido e rendoso – o que não significa que agora sejamos mais sinceros, mas apenas que gostamos de alardear que o somos, mesmo mentindo.

Aqui vão outras virtudes que também estão muito bem cotadas: a *tolerância,* sobre a qual se têm ouvido ultimamente montes de palestras sisudas; a *autenticidade,* virtude um tanto confusa, que a minha ignorância não saberia definir com precisão; a *solidariedade,* que, na sua versão *light,* é como uma caridade desvalorizada e laica, muito útil para comícios e manifestações políticas etc.

Insisto em que o evidente prestígio destes valores não garante que sejamos mais solidários, tolerantes ou autênticos. Pelo contrário, receio que o egoísmo continue a espalhar-se como uma das epidemias mais significativas do século; que a burrice intolerante campeie desenfreadamente em muitos setores da vida (por exemplo, na política ou no esporte); e que muitos daqueles que se gabam de ser autênticos sejam mais falsos que uma nota de onze reais. Algum dia falaremos de cada uma destas virtudes; mas, de momento, não há mais munição do que a que estou gastando, nem mais espaço do que o que me dão nesta página.

Houve um tempo em que a *valentia* era altamente cotada. Os anos em que todos *éramos* Gary Cooper, sempre prontos para *matar ou morrer*, enquanto elas *eram* Kim Novac, sempre prestes a serem resgatadas das mãos dos sioux. Depois – a culpa talvez tenha sido do cinemascope –, uma queda na bolsa fez subir como espuma a *covardia*. Os intelectuais começaram a vangloriar-se dos seus pavores e da sua mesquinhez. E de John Wayne passamos, diretamente e sem anestesia, para Woody Allen. O certo é que a segunda metade do século XX se tornou covarde, insubmissa e espantadiça.

O mesmo acontece com a *fidelidade*. Nem é preciso dizer que em todas as épocas houve mordomos desleais, maridos fujões e judas a soldo; mas ninguém ousava justificar intelectualmente a traição. A palavra dada era sagrada, pelo menos em teoria. Desde os gângsters de Chicago até as veneráveis famílias da máfia palermitana, toda a «gente boa» do Ocidente apelava para a lealdade como fundamento do certo e do errado.

Ora, esta virtude foi-se desvalorizando com a crise, e começaram a surgir valores novos, que em pouco tempo entraram triunfantes pela porta principal dos salões mais requintados. A já prestigiada *autenticidade* (ó, camaleônica e sutil palavrinha!) serviu para justificar qualquer mudança de jaqueta, de camisa ou de outras peças mais íntimas.

– Luís Carlos, finalmente me sinto realizada. É doloroso, mas tenho de ser autêntica... O nosso relacionamento terminou – sentenciou Gabriela Letícia.

Os amigos não a recriminaram. Compreenderam sem dificuldade que, para se realizar como mulher e para se encontrar a si mesma, era muito mais confortável a Ferrari *testarossa* do Vítor José.

Que ninguém fique triste. Assim como – acabamos de dizê-lo – as virtudes não são mais bem vividas por gozarem de melhor cotação, do mesmo modo a queda de um valor moral na bolsa não basta para desprestigiá-lo por inteiro. Ainda continuam a existir pessoas fiéis que sabem dar a vida pelos seus amigos. E ainda se exalta a fidelidade: refiro-me, evidentemente, à alta fidelidade das boas gravações de música clássica, e também à desses cãezinhos que permanecem junto do túmulo dos seus donos e, às vezes, morrem com eles.

Bem o diz certo dicionário, na sua última edição: «*Lealdade*. 2. Amor ou gratidão que demonstram ao homem alguns animais domésticos, como o cão e o cavalo».

– Hoje você anda meio pessimista. Ora, as coisas não estão tão mal assim... Imagine só, agora está na moda a *castidade*. Mesmo nos Estados Unidos! – afirma-me dona Virgínia, com um esperançoso suspiro.

– Não, eu não sou pessimista! Mas é um triste sintoma dependermos tanto da moda e até termos de mudar o nosso vocabulário a cada dez anos para não ferir certos ouvidos.

Há não muito tempo, convidaram-me a dar uma palestra a um grupo de universitários. Disse-lhes que falaria da fraternidade.

– Se não se importa – responderam-me –, diremos que vai falar de companheirismo. Isso de «fraternidade» vende pouco: cheira a padre.

Falei de fraternidade, apesar dos pesares.

Com o Rafa, aconteceu-me algo semelhante. Esperava-me no meu escritório e entretinha-se olhando os livros da estante.

– *A virtude da pureza* – leu em voz alta no momento em que entrei. – A que se refere este livro? À poluição ambiental e coisas desse tipo, não é? Dá pra notar que o senhor é ecologista!

Emprestei-lhe o livro. Veremos o que diz quando o devolver...

Sexo com decimais

Os números fascinam. A veneração do cidadão médio pelas cifras é diretamente proporcional à sua ignorância aritmética. Daí que todos os que tivemos problemas na infância para passar em Matemática adoremos com veneração quase religiosa esse mundo misterioso dos algarismos e sinais herméticos.

Diante de um número – principalmente se tiver decimais –, rendemo-nos. A verdade deve aparecer em cifras. Tudo o que não se possa quantificar (quem terá inventado essa palavra?) é simplesmente falso. E, ao contrário, o que se expressa numericamente é certo e não necessita de ulterior demonstração. Daí que as estatísticas nos deslumbrem, mesmo sabendo que 91,2% são inventadas, 4,7% errôneas e 3,1% têm erros de impressão.

Por isso, amável leitor, se quiser mentir (não quero dizer que o aconselhe, entenda-me bem), faça-o com cifras – e, quanto menos redondas, melhor. Nunca diga «a maioria do pessoal», mas «87,6% dos adultos». E ninguém será capaz de contradizê-lo.

Alguns publicitários descobriram o truque e o empregam com profusão. Não é que mintam, apenas inventam: são criadores de dados impossíveis de conferir, para tomar críveis as suas mensagens.

– Um a cada três europeus tem mau cheiro nos pés.

O locutor, depois de nos comunicar a triste notícia, apressou-se a tranquilizar os ouvintes: a indústria farmacêutica acaba de resolver o problema com um produto revolucionário: *Cantempés,* do Dr. Schultz, que, com uma única aplicação, mantém os nossos pés secos durante três meses.

Ao volante do carro, suspirei aliviado. Contudo, a informação não me saía da cabeça: um a cada três europeus... O problema parecia grave. Perguntei-me qual seria a porcentagem entre os abissínios. É claro que a estatística não especificava se se tratava somente de europeus homens ou de «cidadãos e cidadãs», como sc diz nos comícios. Será que estariam incluídas as crianças? Por outro lado, o que significa ter mau cheiro nos pés? Mau cheiro nos pés de quem? Porque todos nós já nos sentimos incomodados alguma vez por culpa do odor de pés alheios. Será que é este o sentido da frase, ou haverá, de verdade, duzentos milhões de pares de pés – dois bilhões de dedos! – contaminando o meio ambiente?

Andava eu nessas lucubrações, quando a publicidade radiofônica cuspiu outra estatística: oito a cada dez dentistas aconselham o uso de um dentifrício com flúor...

Desta vez, a informação não parecia prestar-se a muitas discussões. Pensei nos dois odontólogos dissidentes, sem saber se devia admirá-los pela sua valentia ou desprezá-los pela sua ignorância. Não tive tempo de ir mais fundo: uma intrépida locutora me interrompeu para fazer-me notar que 73% dos homens e 22% das mulheres têm problemas capilares. Desejei com todas as minhas forças que ao menos não tivessem simultaneamente problemas com os pés. A mesma profissional garantiu logo a seguir que oito a cada dez europeus haviam escolhido um leite desnatado com vitaminas A e D para o regime alimentar de suas famílias; que 66,6% dos espanhóis acham que, no futuro, as coisas irão piorar; que só 32,5% dos portugueses comem pescado; que o programa em cuja onda me encontrava tem 22,7% de audiência...

Desliguei o rádio. No meu cérebro, as cifras dançavam numa estranha coreografia, mudando de parceiro de forma caprichosa, até formarem estatísticas aterradoras: «33% dos espanhóis com problemas nos pés bebem leite desnatado com pescado português. Mas apenas 45,2 ficam carecas, uma vez que 22,7 ouvem o rádio à noitinha, depois de escovarem os dentes com flúor, em 80% dos casos»...

Recuperei-me depois de rezar um terço.

* * *

Existe uma combinação que sempre tem êxito: *sexo* e *decimais*. Explico. Ainda hoje, 86,7% dos contribuintes se envergonharia de comprar pornografia. Daí que alguns supostos escritores cuidem de embrulhar os seus sonhos mais sujos com o honorável celofane da ciência, da psicologia... ou da estatística. Um bom estudo sociológico sobre a sexualidade das *top-models,* das mães de família do Arizona, dos caixeiros-viajantes, do clero europeu ou dos pastores de cabras pode tornar-se um *best-seller* se se inventam umas tantas porcentagens cheias de decimais. Desta forma, os habituais consumidores de lixo poderão permitir-se o luxo de comprá-lo sem se ruborizar e de colocá-lo na biblioteca, junto dos vídeos da *Geographic Magazine.*

– Escute, amor, você sabe o que fazem 82% dos turistas nas pousadas das praias de Porto Seguro?
– E você, seu porco, sabe que 97,3% das estatísticas são falsas?
– Isso é mentira...
– Pois claro. É só uma estatística, como essas de que você gosta tanto.

A sujeira, espelho da alma

«Sujeira *[de sujo + -eira]. S. f.* 1. *Imundície, porcaria.*
2. *Ação incorreta ou indecente; bandalheira, tratantada*».

(Aurélio Buarque de Holanda)

Em primeiro lugar, quero fazer constar que não tenho nada contra o rabo de cavalo nem contra o cabelo curto. Que sou partidário tanto do paletó como do casaco, do fraque, dos chapéus, da saia rodada, das bombachas, do turbante, dos jeans, do tricórnio e de qualquer outro tipo de roupa que a moda nos queira impor. Que aplaudo o meu vizinho do terceiro andar quando entra no elevador com a sua peruca cor de cerveja e que não me importa nada se o meu amigo Brás exibe a sua barba silvestre e enfurecida. O gosto está na variedade, e não serei eu quem vá cercear as liberdades indumentárias e capilares dos cidadãos.

Dito isto, apresso-me a afirmar que não suporto a sujeira nem quando se converte em moda.

— A sujeira, na moda?

— Pelo menos esteve, meu caro oponente. E já está na hora de superarmos essa etapa tão desagradável.

Cada época, com efeito, reflete as suas tendências mais profundas na moda. Quando eu era criança, as mães aspiravam a converter os seus filhos em *homenzinhos de peso* e, para consegui-lo, antes de chegarmos ao uso da razão, nos fantasiavam de tabeliães do interior. Foi uma época revoltante: para sair de casa, tínhamos de usar paletó e gravata, calça curta, meias cinzas, gumex no cabelo e risca esculpida a cinzel.

Pouco tempo depois, já ninguém queria ser homem de peso. Devíamos ser cada dia mais jovens e mais agressivos. Quanto às pobres senhoras, em luta brava durante tantos lustros para não passarem dos vinte e cinco anos, compreenderam de repente que deviam ter no máximo dezesseis ou dezessete. Missão impossível, que enfrentaram com a capacidade de heroísmo que as distingue. Graças àquela moda, uma boa parte das pessoas adultas aprendeu a vestir-se de maneira ridícula.

Mais exemplos? Um dia, os americanos inventaram o Faroeste (o *saloon*, a diligência, John Wayne, a mocinha, os índios...), e não houve outro jeito senão vestir calça jeans. A seguir, a heroica rebelião dos anos 1960 manifestou-se principalmente em que soltamos o pouco cabelo que nos restava e, apesar de as melenas serem sujas e incômodas, sentíamo-nos superrealizados com elas. Aqueles cabelos – com caspa incluída –, que ondulavam ao vento na primavera de Paris ou de Praga, eram bandeiras de liberdade.

Imagino que em todas as épocas tenha acontecido o mesmo. Os camponeses do século XVIII também sonhavam ser aristocratas e enfiavam na cabeça uns horríveis cachinhos empoados, enquanto os nobres liam as idiotices de Rousseau sobre o bom selvagem e brincavam de lavradores.

Mas voltemos ao assunto. Nos anos 1980, mais ou menos, veio a moda do feísmo e da sujeira. Não é que se tivesse perdido a noção do bom gosto, não. É que se gostava de ter mau gosto. Era o triunfo da informalidade contra toda norma convencional. Foi a moda das más maneiras. Começou a estar bem vista a camisa imunda, os sapatos sem graxa, os pés sem meias, o jeans esfarrapado e esburacado, as unhas enlutadas, o dedo explorador das fossas nasais, as paredes emporcalhadas com pichações, as sonoridades orgânicas outrora reprimidas... Coçar-se com as duas mãos ou cuspir no chão eram sinais inequívocos de sinceridade e firmeza de caráter.

Não vou perder tempo em detalhar outras manifestações encardidas que afetaram, por exemplo, a música, a política, a linguagem falada e escrita e até a literatura.

Aqueles que até então tinham sido meninos bem-educados tiveram de reciclar-se com urgência. Tiveram de aprender a barbear-se com cortadores de unhas para ter permanentemente esse aspecto – tão atraente – de caubóis suados que retornam ao rancho.

Segundo o doutor Kloster, essa moda refletia aquilo que Ortega, sempre tão delicado, chamava, há mais de meio século, o *plebeísmo,* um modo de se comportar que identifica mentalidade democrática com ordinarice ou com igualitarismo por baixo. E o meu amigo chegava à conclusão de que alguma coisa tiveram a ver o marxismo e a sua exaltação do proletariado e da cultura de classe com o prestígio que a sujeira adquiriu.

De qualquer modo, teorias à parte, o que parece notório é que a epidemia regride lentamente. Os mauricinhos, por exemplo, já sabem que um penteado mais cuidado e umas unhas limpas ajudam a encontrar um trabalho bem remunerado. Os políticos e os sindicalistas começam a entender também que arrumar um pouco a fachada não os converte em perigosos reacionários. Mas o mais significativo de tudo é a proliferação dos tratados de urbanidade (de «boas maneiras», como se diz agora), nos quais não só se ensina a comer aspargos com as mãos, como também – e disso sou testemunha – a usar sabonete e xampu. Que Deus abençoe os autores desses manuais que, com certeza, estão enchendo os bolsos (os autores, não os livros).

– E o senhor acha que isso é importante?

– Acho. Tenho para mim que, mediante a urbanidade, é provável que se possa chegar pouco a pouco a uma melhor compreensão de muitas virtudes humanas e cristãs. Há um perigo, sem dúvida: o de cairmos na tentação de converter a Moral num novo tratado de boas maneiras, sem a menor referência a Deus. Não é um risco teórico: espero falar dele em outro momento.

E se alguém se pergunta por que a questão da sujeira interessa tanto a um sacerdote, devo dizer que, com efeito, conheci alguns porcos de alma limpíssima, como também elegantes figuras que eram sujas e fedorentas por dentro; mas que, em termos gerais, o título deste capítulo é rigorosamente certo: a sujeira externa é um espelho da alma.

A corrupção bem entendida começa por cada um

— Alguém saberia dizer-me o que significa corrupção?
Como não estamos na aula de Química, mas na de Moral, as alunas entendem que não me refiro a fenômenos de decomposição orgânica, mas, provavelmente, a certas condutas tristemente atuais.
— É dar dinheiro para conseguir coisas... — responde Alessandra.
— Claro. Por exemplo, comprar o jornal...
— Não. Bem... é subornar, é conseguir alguma coisa sem ter direito.
— Certo. E que acham: poderíamos também chamar corruptos aos que se drogam?
— Não. Isso é uma doença.
— E a um bígamo?
Perplexidade na sala de aula.
— Refiro-me àquele que tem duas mulheres...
— Esse merecia uma medalha — intervém Malu, que adora aparecer.
— É sério — insisto. — Vocês considerariam corruptos os mentirosos crônicos, os obcecados pelo sexo, os glutões?

– Isso é problema de cada um – intervém Aline. – Não podemos entrar na intimidade de ninguém...

Pela primeira vez, todas pareciam estar de acordo: corromper ou corromper-se – em voz ativa ou reflexiva – equivale a roubar. A corrupção, pelo visto, não diz respeito ao âmbito da vida privada.

Como quase sempre, as alunas concordavam com a tese dominante. É que, em questões de ética, para saber o que pensa a maioria das pessoas, basta perguntar à figurinha que nos doutrina tão abnegadamente da tela da TV.

Neste caso, a tese oficial parece consistir em elogiar a incoerência, ou mesmo a esquizofrenia. O que conta é denunciar com toda a firmeza – pelo menos teoricamente – os casos de corrupção política, econômica etc. e, ao mesmo tempo, passar por alto ou até aplaudir a desordem moral no âmbito privado. Não é que exista um justo receio de trazer à luz do dia a suja roupa de baixo do próximo. Ao contrário, essa roupa suja é arejada como nunca, mas apenas para ser exibida e aplaudida com orgulho como sinal de autenticidade, de independência de critério e até de progressismo ético.

– O menino saiu-nos *prafrentex* – assegura dona Ivete. – Basta dizer que já está no terceiro divórcio...

Não é brincadeira: nos longínquos anos da transição do regime político, uma conhecida atriz espanhola fazia uma solene profissão de fé nos novos tempos com estas sutis palavras:

– E estes pirralhos querem agora ensinar-me o que é a democracia? A mim, que estou divorciada há quinze anos... e na América?

Há tempos, li um artigo em que se defendia com verdadeira paixão a imaculada honradez de um conhecido político. E, para provar a sua coerência, o seu espírito rebelde e inconformista (isso que se empenham em qualificar de *honestidade*), o piedoso apologista relatava com detalhes a vida amorosa, turbulenta e irregular, da autoridade em questão.

Convenhamos. Deixando de lado outras considerações morais, parece não haver dúvida de que cada divórcio, cada separação, é no mínimo um fracasso. E não um fracasso qualquer, mas de muita importância. Um naufrágio matrimonial atinge o âmago da pessoa e deixa uma marca profunda e difícil de curar. O sentido do amor, a dignidade da sexualidade humana, a capacidade de comprometer-se, a grandeza da fidelidade são valores tão importantes como frágeis. Qualquer arranhão os altera. E nada corrompe tanto e tão intimamente como perdê-los.

Quero dizer, numa palavra, que é muito provável que um corrupto-padrão, antes de violar o sétimo mandamento, tenha calcado aos pés o sexto[1] («Que havemos de fazer? A vida é assim mesmo!»). E que a corrupção é, em princípio, um problema pessoal mais do que social; privado, mais do que público; íntimo, mais do que externo. Como diz o Evangelho, os frutos podres costumam proceder de árvores podres. Com parecida sabedoria, diz o ditado popular que não se devem esperar maçãs do espinheiro.

Resumindo: para estancar a corrupção na vida pública, são necessárias leis, regulamentos, controles e tudo o mais que se queira. Mas, antes de eleger alguém para ad-

---

(1) Sexto mandamento: «Não pecar contra a castidade»; sétimo mandamento: «Não furtar» (N. do E.).

ministrar o dinheiro público, será bom verificar também se se trata de uma pessoa boa.

— Então, não é possível ser escrupulosamente honesto na vida pública e, ao mesmo tempo, um hedonista impenitente, um luxurioso desenfreado ou um vaidoso crônico na intimidade?

— Que quer que lhe diga, meu jovem? Coisas muito mais estranhas se têm visto, e eu não descartaria totalmente essa hipótese; mas, por via das dúvidas, não darei o meu voto a um indivíduo assim. Acontece que, no fundo, a vida privada é menos privada do que parece.

O homem ensimesmado

Paulo Eduardo – digamos que se chama assim – é mais uma vítima de uma estranha epidemia que se alastra a uma velocidade alarmante. Descrevo seus sintomas.

O paciente, estudante universitário, acorda com o rádio às sete em ponto, exatamente no momento em que um tal de Ferreira começa o primeiro noticiário do dia. Como não quer incomodar a família, depois de abrir bem os olhos, põe os fones de ouvido e fica uns dez ou doze minutos na cama para digerir sem sobressaltos as notícias. Depois, dá o *play* em algo e deixa de lado o rádio. Toma banho e veste-se com os fones nos ouvidos. Antes do café, música melódica.

Toma o desjejum enquanto sacode os tímpanos adormecidos com uma violenta seleção de *rock*. Ao mesmo tempo, vê sem ouvir os desenhos animados da TV que acompanham o toddy achocolatado dos seus irmãos menores.

A caminho do ônibus, continua com os fones no ouvido, uma vez que cumprem diversas tarefas:

a) protegem do frio, pois, como todo mundo sabe, as orelhas correm o risco de soltar-se do crânio quando a temperatura é inferior a 10° C;

b) isolam da poluição acústica, substituindo o som ambiente por um delicioso inferno rítmico de 400 decibéis;

c) desanimam os que querem cumprimentá-lo ou perguntar-lhe alguma coisa; tanto em casa como na rua, Paulo Eduardo sempre dá sinal de ocupado;

d) fomentam o exercício físico, pois a música que sai desses engenhosos dispositivos incita a caminhar movendo ritmicamente a espinha e estalando os dedos.

Na faculdade, comporta-se como um ser praticamente normal, se se entende por normalidade a mera coexistência pacífica com milhares de colegas que abarrotam as salas de aula, a lanchonete, os corredores e as fotocopiadoras.

Como seus pais almoçam no trabalho e seus irmãos no colégio, Paulo Eduardo coloca no micro-ondas alguma coisa que encontra na geladeira, liga a TV e injeta no antebraço uma reprise dos *Cavaleiros do Zodíaco*. É o seu segredo mais bem guardado.

Liga o computador às cinco, enquanto nas caixas acústicas do seu quarto soa a 226 decibéis a música ambiente. Coloca um jogo e procura bater o seu próprio recorde: consegue-o às seis e vinte.

Intimamente satisfeito, abre uma cerveja e decide estudar. Música *new age* é o indicado. A todo o volume, é claro.

Às sete, telefona-lhe a Karina. É o seu primeiro contato humano do dia.

— E aí, ô...
— Tudo bem.
— OK.
— *Legal!*
— Nada.

Monossilabam por mais quarenta minutos. Depois, volta ao computador. Navega sem rumo certo pelo espaço eletrônico. Às nove, seu pai protesta.

– Deixe o menino! – intervém a mãe, toda orgulhosa do que o seu filho é capaz de fazer com o computador. Não vê que está estudando?

Janta uns sanduíches. Deita-se e, da cama, liga a TV do quarto. Aciona o *timer* para que desligue duas horas mais tarde. O filme é uma droga. Tira o som, liga o rádio e adormece ninado por um tal de Garcia.

* * *

Aprender a ser pessoa não é simples. É mais fácil, por exemplo, passar em Bioquímica. Chega-se a ser pessoa pelo relacionamento com os outros, na medida em que se aprende a sair de si mesmo e participar de outras vidas. E o meio para isso é a palavra. Esta *relação* não é algo acidental no homem; é um vínculo que nos completa como seres humanos.

Se existisse o Tarzan, o romântico homem-macaco dos anos 1930, teria muito mais de macaco que de homem. É por isso que o principal objetivo da educação não é ensinar Matemática, e sim conseguir que as crianças entrem em sintonia com o ambiente: não, porém, apenas com os pássaros ou com as lontras, o que é bastante fácil no fim das contas, mas com os pais, irmãos, amigos, amigas e – evidentemente – com Deus.

Deus, por ser infinitamente amável e infinitamente disponível para dar e receber amor, tem um papel importantíssimo nesta história. Relacionar-nos com Ele faz de nós pessoas, humaniza-nos, ao mesmo tempo que nos endeusa pela graça santificante. Deus jamais nos isola dos homens. Pelo contrário, ensina-nos a dar-nos, a compenetrar-nos com os outros. É uma capacidade que adquirimos aos poucos e – como venho repetindo até à exaustão – com sofrimento.

Não me desviei do assunto, como costuma acontecer-me. Continuo a pensar no Paulo Eduardo e em alguns outros que conheço bem. Ignoro se a causa do seu alheamento é a proliferação desses aparelhinhos ou se os aparelhinhos são a consequência de um modo lamentável de conceber a vida. Tanto faz.

Quando terminar o curso – se o conseguir–, talvez a Karina o ensine a falar, a escutar, a amar, a sofrer, a olhar para os outros... Caso contrário, sempre lhe restará a alternativa de mudar de emissora e acordar ouvindo o Zé dos Anzóis, de injetar na veia o rádio do carro, de comprar uns óculos para submergir na realidade virtual e de adormecer placidamente embalado pelo Sepultura.

Como aprender a esforçar-se sem esforço

Uma menina linda, de quatro ou cinco anos, aparece na tela da TV enrolada numa toalha azul. A mãe, uma loira que, a julgar pela maquiagem, está a ponto de sair de casa para assistir a uma ópera, sorri toda feliz enquanto passa a roupa. De repente, a menina olha para a câmera, como que pedindo auxílio, e exclama:

— Mamãe, está picando!

O momento é duro. Pressente-se a tragédia. Será que a loira há de tolerar que a sua bem alimentada filhinha continue a sofrer por culpa de uma toalha lavada sem o amaciante adequado? Impossível. Mãe é mãe. Por isso, aconselhada pela vizinha — outra loira de características semelhantes —, compra no mercado o novo *Maciex*, que, como todos sabem, deixa a roupa suave e acariciante como veludo.

Pouco depois, o mesmo canal informa que, com a nova faixa *Foragord* (magnética, eletrônica e provavelmente digital), é possível eliminar a gordura do nosso organismo sem esforço, enquanto dormimos. E, para demonstrá-lo, aparece na tela uma esbelta cidadã em trajes menores, envolta na referida faixa.

Saio de casa com o carro, e em má hora ligo o rádio. Uma locutora entusiasta garante-me que posso enfim aprender russo, evidentemente sem esforço e, portanto, sem necessidade de tirar a faixa do anúncio anterior. A seguir, a mesma tagarela, com idêntica euforia, anuncia-me que já se encontram no mercado uns vídeos que me ensinarão, sem esforço, a dançar danças regionais húngaras. E, para o caso de tudo isso me parecer pouco, a loquaz locutora oferece-me a possibilidade de fazer todas essas compras por mensagem de texto, sem sair de casa (ou mesmo sem me levantar da poltrona).

Tudo bem, é o progresso. Mas não nos atordoa tanto esse *sem esforço, sem dor, sem passar fome, sem sair de casa, sem incômodo...?* A este passo, qualquer dia destes vão dizer-nos: «Senhores telespectadores, conseguimos finalmente evitar-lhes até o último dos esforços. A partir de hoje, você poderá aprender sueco em um mês sem sair do seu caixão».

Não tenho nada contra os mil processos que existem para simplificar-nos a vida. Eu também prefiro que as toalhas não arranhem; e neste mesmo instante em que escrevo, fico imaginando o que não teriam sido capazes de fazer Cervantes ou Shakespeare se, em vez de uma pena de ganso e uma tinta com grumos, tivessem um computador à sua disposição. Porém, uma coisa é que nos facilitem o trabalho e outra, muito diferente, que nos condenem à atrofia da mente e do corpo.

A experiência diz que o que se aprende sem esforço, na realidade, não se aprende. É por isso que essas técnicas de ensino que fomentam a passividade do aluno continuam fracassando estrondosamente. O esforço forja a musculatura do corpo e da alma: ensina a pensar; lubrifica as complicadas engrenagens do cérebro para que não engasguem; treina a memória, que é uma faculdade muito importante, que só os tolos desprezam; cria hábitos que facilitam a aquisição de novos conhecimentos e ajudam a conservar os que já se têm. O mundo está repleto de meninos-prodígio que, com o transcorrer dos anos, se converteram em débeis mentais, porque ninguém os ensinou a esforçar-se. E essa é, a longo prazo, a única disciplina que conta.

Mas eu não queria falar de estudo. Tudo isto me foi sugerido por uma carta que recebi de Málaga. Escreveu-a uma aluna do terceiro ano, a quem daremos o nome de Sandra: «Estou alucinada com o trabalho das freiras da Madre Teresa de Calcutá, e penso que são incríveis. Não sei o que fazer... O senhor acha que *dá muito trabalho* ser freira? É claro que, se a gente gosta, deve ser bom, e daí já *não custa tanto*. Ou será que estou enganada?»

Pois, sim, está enganada. Custa muito às freiras da Madre Teresa de Calcutá cuidar dos leprosos e moribundos. E não gostam da sua tarefa, no sentido em que você fala de gostar. Elas, muito simplesmente, querem ser santas; amam a Deus e, portanto, amam também essas pessoas, até o extremo de sacrificar a vida por elas, se necessário. Com esforço? É claro. E com dor, com lágrimas... e com muita alegria e muita graça de Deus.

Os projetos «simples» quase nunca valem a pena. Não permita que lhe digam: «Ânimo, que é muito fácil!» Para as coisas fáceis, não é necessário que nos animem. Ânimo, que é difícil! Não existe um manual que nos ensine a ser santos sem luta, nem tampouco um que sirva para aprendermos a esforçar-nos... sem esforço.

5. A língua

Já não se fala de pecados da língua. Ninguém mais imagina que se possa pecar com um adminículo tão útil e interessante.

– Diga-me, Cris, quais são os pecados da língua?

– Dar uma lambida no sorvete da minha irmã.

Cristina tem oito anos e é natural que ainda não saiba o que significam difamação, injúria, calúnia, detração ou vilipêndio. *Mas provavelmente acontece o mesmo com alguns adultos.*

A língua goza de fama inquestionável nestes tempos. Já comentei anteriormente que à calúnia se chama liberdade de expressão e ao mexerico, crítica construtiva. Mas, além disso, o insulto é para muitos apenas um gênero literário inocente; o palavrão, um sinal de exclamação; e a palavra ociosa de que fala o Evangelho, um anacronismo incompreensível.

Receio que seja preciso escrever muito mais sobre a língua. E explicar que as palavras podem curar, consolar e até apaixonar; mas também matam com a mesma eficácia que uma arma de fogo.

Na Sagrada Escritura, fala-se da língua em 171 ocasiões. Satisfaço-me com estes quatro textos:

1. A língua mansa é árvore de vida, a língua perversa despedaça a alma *(Pr 15, 4).*

2. Quem fala sem tino fere como espada; mas a língua dos sábios cura *(Pr 12, 18).*

3. Guardai-vos das murmurações inúteis, preservai a vossa língua da maledicência; pois não se revela em vão a palavra mais secreta, e a boca mentirosa traz a morte à alma *(Sb 1, 11).*

4. Não sejas atrevido com a tua língua, nem preguiçoso e negligente nas tuas obras *(Ecl 4, 29).*

O último artigo deste capítulo fala da amizade. Penso que está em bom lugar: o que caracteriza a amizade é a confidência, isto é, a Palavra (com maiúscula) como forma de entrega e de amor.

Elogio do palavrão
(até certo ponto)

Dizem que o meu amigo Adernar é malcriado no falar; mas, se o fosse realmente, ninguém o culparia disso, porque, do jeito que andam as coisas, uma grosseria a mais ou a menos nem se percebe. Nesta nossa terra falam-se ordinarices em todos os fóruns: no Congresso, nos estádios e nas academias. O que acontece é que, no caso do Adernar, os palavrões se notam mais justamente porque os utiliza com moderação e sabedoria. Ele mesmo costuma explicá-lo com singular veemência:

– Ao fim e ao cabo – dizia no seu bate-papo literário no Lar do Aposentado –, o que é o palavrão? Lírica, pura e simples! Já dizia o poeta Antonio Machado que a poesia é apenas «umas poucas palavras verdadeiras». E por acaso existe palavra mais verdadeira, metáfora mais breve, mais autêntica e mais apta para comunicar sentimentos que o palavrão castiço em toda a sua grandeza original?

Mas que querem que lhes diga? Afinal, Ademar tem razão. O palavrão é um recurso violento, sem dúvida, mas com tanta expressividade concentrada que, quando empregado adequadamente, economiza longas e prolixas explicações.

Vanessa Mendonça, por exemplo, dirigindo o Golf da mamãe, perdeu a direção, saiu da estrada, atropelou uma vaca e quebrou duas costelas, o para-choque dianteiro, as lanternas, os óculos, o radiador e a tíbia da perna direita. Nessa conjuntura, tinha uma de duas possibilidades:

1) falar pelo celular com o traumatologista de plantão e dizer-lhe: «Veja, Dr. Luciano, acho que fraturei a tíbia e talvez também tenha uma fissura do perônio, porque a dor que sinto na canela é intensíssima, especialmente quando rio. Se a isso acrescentarmos a opressão no peito etc., etc.»; ou

2) esquecer momentaneamente a educação recebida no colégio e uivar pelo telefone celular expressões como: .... *(preencha o leitor o espaço em branco).*

E foi exatamente o que a Vanessa fez, e o médico compreendeu-a perfeitamente.

– Então o senhor é adepto do palavrão.

– Em certas circunstâncias, talvez. Só que existe hoje um problema de saturação.

Vimos que o palavrão é uma metáfora: descabelada, mas eficaz se a usarmos com sobriedade (três ou quatro por pessoa/ano parece uma cota razoável). Agora, abusar das metáforas equivale a esvaziá-las; seria transformá-las em lugares-comuns insuportáveis. A primeira pessoa que comparou os lábios da sua amada a um rubi e os seus dentes a pérolas provavelmente era um poeta. O segundo foi um plagiário e o terceiro também. O décimo quinto e os seguintes são uns bregas de revolver o estômago.

Deveria existir um depósito de «presuntos» literários onde se armazenassem as metáforas assassinadas pelo uso.

E aos que quisessem exumá-las, deveria ser-lhes imposta a correspondente pena de prisão.

Com o palavrão aconteceu exatamente isso: a ignorância, a pobreza de linguagem, a gagueira mental e o monte de lixo em que se converteram alguns cérebros transformaram o palavrão em muleta para qualquer conversa. É impossível manter um bate-papo normal sem ouvir a cada cinco ou seis segundos uma rústica alusão glandular, uma referência ao presumível ofício da mãe de um terceiro, um superlativo hormonal, e tudo isso adubado com imagens marrons e verdosas de aroma pestilento.

Não entristece o leitor esse envilecimento pelo qual passou o nobre, rotundo e escandaloso palavrão nacional?

Deixem-me insistir: o palavrão era uma interjeição cheia de fantasia para momentos solenes, e agora transformou-se em conjunção ou advérbio brando e amorfo, numa espécie de *autem* latino, que não se traduz porque não significa quase nada. Começou por ser uma originalidade, mas hoje, como os dinossauros, extingue-se por superpopulação e gigantismo.

É por isso que me atrevo a pedir às organizações ecológicas que façam campanhas em favor desta espécie ameaçada. Devolvamos o palavrão ao seu habitat natural e excluamo-lo da linguagem cotidiana.

– Mas... o senhor fala sério?

– Totalmente. Sempre falo sério. Será que não os aborrece ouvir invariavelmente as mesmas quinze palavras? Não os preocupa que o número de vocábulos em uso esteja diminuindo de dia para dia? Há vulgaridades-curinga que se usam tanto para elogiar como para insultar. Dá na mesma: já não significam nada. Caminhamos para o grunhido como suprema e única forma de expressão.

Quando estava no colégio, o capelão explicou-me que muitas vezes dizer palavrões não é pecado. Tinha razão. Porém, como tive ocasião de escrever antes, a sujeira pode ser o espelho da alma. Diz um provérbio apache que a língua suja mostra um espírito imundo.

Os culpados são os extraterrestres

O professor Kloster – um dos maiores peritos em investigação espacial – aborda, na conhecida revista *Alienígenas solitários,* um dos problemas mais debatidos da sociologia moderna: a origem das piadas.

O problema é sério. Todos sabemos que as melhores piadas, as que andam de boca em boca – não me refiro a esses insípidos jogos de palavras que os humoristas inventam – são anônimas. Parece que caíram do céu e, ainda que se propaguem como a pólvora, ninguém as reivindica como próprias. Até chama a atenção que, numa sociedade como a nossa, não se exijam direitos autorais pela sua difusão descontrolada.

Heinz Kloster, com a sua equipe de psicólogos, antropólogos e ufólogos, descobriu no seu laboratório os seguintes fatos:

1. A maior parte das piadas surge em regiões bem determinadas do planeta – quase sempre em países latinos –, e precisamente onde os óvnis são vistos com maior frequência.

2. O cérebro humano não tem genialidade suficiente para inventar as piadas mais badaladas. Assim, por exem-

plo, a conhecida história do porco que foi à ópera com uma cartola cinza e um arenque amarelo revela a existência de uma mente criadora com um coeficiente intelectual de 157,7 na escala de Müller. E nunca, neste planeta, se viu um fenômeno assim.

A conclusão, segundo Kloster, é evidente: as piadas procedem de outra galáxia e são os extraterrestres, que já estão no nosso meio, quem as difunde com objetivos científicos, lúdicos ou – Deus não o permita – agressivos.

A hipótese pode parecer desconcertante, mas receio que seja exata. Comecei a suspeitar disso numa longínqua tarde de junho, quando o meu amigo Eurípides (vamos chamá-lo assim para despistar) me apresentou um problema parecido com o da origem das piadas, que talvez venha a reforçar a teoria do eminente professor.

Eurípides perguntou-me à queima-roupa:

– Quem será que inventa as calúnias?

Pelo seu aspecto, percebia-se claramente que a sua dúvida não era teórica. Todo mundo dizia cobras e lagartos do coitado do Eurípides – que na ocasião era o prefeito da sua cidade –, e ele estava começando a ficar farto.

– O que mais me entristece – lamentava – é que, com todas as besteiras que já fiz na vida, me acusam exatamente das que nunca me ocorreu fazer. E para piorar, nem sequer me consideram um grande corrupto. Se ao menos dissessem que embolsei alguns milhões... Mas não me consideram capaz de roubar em grande estilo. Além de ladrãozinho, insinuam que sou idiota... O que não entendo – concluía magoado – é de onde saem tantas falsidades.

A questão é espinhosa. Não é difícil que conheçamos muitos delinquentes mais ou menos confessos – homicidas, adúlteros, ladrões –, mas nunca teremos ouvido falar de alguém que reconheça haver caluniado o próximo. As calúnias são tão anônimas como as piadas: dizem-se, contam-se, publicam-se, enfeitam-se, dramatizam-se, vendem-se, compram-se, cospem-se, montam-se, mas ninguém as inventa. Estão na atmosfera, como um sujo gás que contamina tudo e ao qual já estamos acostumados. Todos estamos de acordo em que, se tivéssemos ocasião, talvez fôssemos capazes de roubar e até de matar; mas caluniar, nem a pau!, pois afinal temos a nossa dignidade. Agora, se nos contam algo pejorativo do próximo (ou do cunhado), também não vamos privar-nos do prazer de difundi-lo.

Há quem pense que falar mal dos «maus» (entre aspas, *please*) é justo e saudável, que falar mal de um meliante, de um inimigo da Igreja, de um corrupto ou de um adversário político é coisa louvável e merecedora de uma condecoração.

— Não sei, não, minha filha — afirmava dona Georgina —, mas todo o mundo diz que o cara tem um rolo lá no Acre. E não me estranharia nada, porque sempre foi um esquerdinha perigoso.

Ao grito de *sei de boa fonte; como todo mundo sabe; não se fala de outra coisa; é de domínio público; onde há fumaça, há fogo; já estou por dentro; não posso revelar as minhas fontes, mas...; ouça o que lhe estou dizendo; todos são iguais; vou contar só pra você* etc., convertemo-nos em transportadores de lixo de origem desconhecida e deixamos um rastro de aroma nauseabundo.

— Mas, então, quem inventa as calúnias?

— Os extraterrestres, é evidente. Não encontro outra explicação. São eles: estão aqui e pretendem que entremos em choque uns com os outros para invadir-nos com mais facilidade. Resistamos! Que tal se nos propusermos falar bem de todo o mundo ao menos durante quinze dias?

– Do governo também?

– Pois não sei o que dizer-lhe, meu amigo... Acho que é difícil; mas, por outro lado, não custa nada, e quem sabe se deste modo não vencemos a Guerra nas Estrelas...

Amigos

– Padre Enrique, quando é que o senhor vai escrever alguma coisa sobre a amizade?

Márcia, que tem treze anos, pergunta-me isso no fim da aula.

– Agora mesmo. E muito obrigado.

– Obrigado por quê?

– Porque estava procurando um tema para este mês, e você acaba de me dar a sugestão.

* * *

A amizade, evidentemente, é um tipo de amor. Mas de que gênero?

Há um amor paterno (ou materno), que é natural, inevitável, apaixonado e mais cego que todos os outros. Há um amor filial, menos obcecado que o dos pais, mas igualmente terno e generoso. Há um amor entre os noivos que, mais que amor, é desejo, uma promessa de amar plenamente no futuro. E há um amor conjugal, que compromete para sempre a alma e o corpo.

Todos os amores têm muito em comum. Mas também se distinguem uns dos outros.

Falemos do amor entre os amigos.

– A amizade procede de uma escolha. Devemos querer bem a todos os homens; mas só serão amigos os que escolhermos.

– A amizade é sempre recíproca. Se não for correspondida, não existe.

– É uma afeição que não carece de palavras nem de declarações. Nasce e desenvolve-se discreta e lentamente, sem impulsos cegos nem compromissos apaixonados. Os amores pegajosos das crianças são simples formas de imaturidade.

– Não é exclusivista nem ciumenta: quanto mais se compartilha, mais cresce.

– Segundo um velho provérbio latino, *amicitia pares aut accipit aut facit:* «nasce entre iguais ou iguala».

– Isto significa que quem tem um amigo «importante» sente-se também importante.

(Faz uns dias, visitei a paróquia de São Josemaria Escrivá, em Roma. Estava lá o coroinha que ajudou o Papa na cerimônia de dedicação da Igreja. «E de que vocês conversaram?», perguntei-lhe. Olhou-me com altivez, como se estivesse concedendo-me a vida. «Das nossas coisas», respondeu-me.)

– E se o amigo for de menor categoria, mais jovem, menos inteligente ou de condição mais humilde? Pouco importa: a amizade com os pequenos não empobrece os grandes; enobrece-os.

– Como todos os amores, a amizade é a entrega de uma parte da própria intimidade. Existe uma intimidade física de que só os esposos e, até certo ponto, os membros de uma mesma família podem compartilhar por inteiro. Os amigos participam da intimidade espiritual:

das penas, alegrias, esperanças, medos, complexos... E de duas intimidades surge uma única.

– Amigo é, pois, aquele a quem abrimos o coração. Os nossos segredos são segredos do nosso amigo. E os dele são nossos.

– A amizade está associada a uma virtude (a lealdade) que consiste em nunca trair essa intimidade comum.

– A amizade não se deixa instrumentalizar, não serve para nada. Pelo contrário, tudo deve estar a seu serviço.

– Ao amigo, corrige-se em segredo e louva-se em público. Não sou eu quem o diz, mas Catão. E outro refrão latino completa: *Amici vitia si feras, facias tua*; «se não corriges os vícios dos teus amigos, fazes com que sejam teus».

– E por falar em refrões, eis outro provérbio italiano: *Ama l'amico tua col vizio suo*; «ama os teus amigos com os seus defeitos».

– Em consequência, não há espelho melhor que o olho do teu amigo (sim, também é um provérbio, reconheço-o; talvez de Heinz Kloster ou de alguém assim).

– A amizade, portanto, é generosa, não pegajosa; sóbria, não adocicadona; fiel até com quem não o é; tão necessária à vida que, sem ela, quase nem somos pessoas.

* * *

– Não será que o senhor está indo muito longe?

– Não sei o que dizer, Márcia. Porque, falando de amizade, não posso deixar de pensar em alguém que sempre quis ser nosso amigo e que ainda espera que lhe digamos que «sim». Refiro-me a Jesus Cristo, que disse aos seus, na Última Ceia: *Chamei-vos amigos, porque vos dei a conhecer tudo o que me disse o meu Pai* (Jo 15, 15).

Essa amizade do Senhor nasce, com efeito, de uma escolha *(escolheu-nos antes da criação do mundo,* diz São Paulo em Ef 1, 4) e foi o meio que Deus escolheu para nos transmitir os seus Mistérios mais profundos e íntimos. A Santíssima Trindade foi um segredo contado por Jesus em voz baixa, como em confidência, aos seus amigos mais queridos.

Nunca houve amigo mais generoso: deu-nos a vida. Nem mais fiel: no Horto das Oliveiras, chamou a Judas *amigo* exatamente no momento do beijo traidor (cf. Mt 26, 50).

E chamou-nos à amizade, para que também nós – em confidência – falemos desse Amigo da alma aos nossos amigos.

6. A alegria, um sintoma suspeito

– *A alegria é uma virtude?*
– *Para falar francamente, não sei que dizer-lhe. Sorrir pode ser às vezes, mais do que um ato de virtude, um ato heroico. Mas, como explico mais adiante, a alegria e o sorriso são apenas sintomas, cujo sentido será preciso deduzir em cada caso.*

Por outro lado, trata-se de sintomas exigíveis, *pelo menos para os cristãos. São Paulo assim o diz expressamente aos filipenses:* Alegrai-vos sempre no Senhor; torno a dizê-lo: alegrai-vos *(Fl 4, 4).*

Comentando estas palavras, dizia alguém que mandar a uma pessoa triste que esteja alegre é como pedir a um doente que faça a si mesmo o favor de curar-se e deixe de incomodar os outros. Que mais quereriam os deprimidos, senão recuperar o sorriso?!

Mas o Apóstolo pede algo mais profundo do que parece. Fala de estarmos alegres no Senhor. *E estas últimas duas palavras são a chave, porque explicam qual é o caminho para experimentar esse sintoma obrigatório que é a alegria. O que São Paulo nos diz em última análise é isto: «Se estiverdes unidos a Cristo em todos os momentos da vossa vida, sereis felizes, apesar da dor, do cansaço, da velhice ou da morte».*

Assim se entende, segundo me parece, que a alegria seja também uma virtude. E até podemos convir em que os exageros que cometi no primeiro artigo desta série também não são para tanto.

Os artigos sobre os desanimados e sobre as drogas não estão deslocados: este é o seu espaço. Os desanimados são uns pobres coitados. E a tristeza – a desesperança – é o caldo de cultivo que prepara muitos jovens para a viagem estúpida e suicida das drogas.

«Isto não é sério». E daí?

Tu não tens terno escuro,
tu não «vai» a lugar algum.
   (De uma *sevilhana* ouvida não sei onde)

— O senhor acha sério escrever sobre estas coisas?
— Na verdade, não. Sério, propriamente sério, não é. Mas também não me parece sério falar sempre a sério. Ou será que é?

E eu me pergunto: por que a palavra «sério» goza de tanto prestígio? Não tenho à mão um dicionário, mas quase me atreveria a afirmar que, em português, «sério», além de triste ou severo, significa também importante, honrado, cumpridor, leal, trabalhador..., ao passo que «alegre», além de jovial, divertido, risonho etc., se identifica com embebedado, frívolo ou superficial. Quem saberá dizer por que acabamos achando que ser brincalhão, ter senso de humor ou rir com frequência são indícios claros de debilidade mental, de frivolidade crônica ou até de uma vida depravada?

— Olhe, Daniela, não gosto que você saia com o Jorge: não é mau rapaz, mas sabe-se lá... Tanta brincadeira e tanta gozação... Não me parece muito sério.

— Mas é claro que é, mamãe! Imagine! O pai dele até é gerente de uma funerária!

Talvez seja uma questão de raça, mas a verdade é que nestas terras sempre consideramos que é mais importante fazer chorar do que rir, que a tragédia é superior à comédia; que, para comemorar as datas festivas, é preciso vestir-se de pinguim; que as solenidades devem ser graves; que na igreja uma pessoa pode derramar lágrimas e suspiros à vontade, mas não soltar uma gargalhada; numa palavra, que a alegria, para ser tolerável, deve ser adjetivada adequadamente: *sã, serena, moderada, sensata...*

O pior de tudo é quando nos falam – geralmente em tom fúnebre – da «alegria cristã». E nem digamos se colocam o adjetivo antes e a chamam «cristã alegria», como se tivessem acabado de traduzi-la do inglês. Nestes casos, vem-me uma angústia infinita (ou «infinita angústia»?) e uma vontade irreprimível de fazer cócegas no florido pregador.

Vejamos: à primeira vista, a alegria, como disse antes, não parece ser uma virtude, e sim um sintoma. Geralmente, um bom sintoma, ainda que nem sempre. Um sorriso franco ou mesmo uma gargalhada estrondosa por si só não dizem muito. A boa saúde, a quina da loto, os quadrinhos do Calvin, um ataque de histeria, as sessões parlamentares, a novela das oito etc. podem provocar reações desse tipo em muitos cidadãos, entre os quais me incluo: a pena é que o fenômeno dura pouco.

Outros têm um ataque de riso quando o Palmeiras perde (ou o Vasco, conforme o caso), quando um velhinho quebra a perna, quando prendem um banqueiro poderoso, quando o avô engole a dentadura ou um lagarto selvagem morde o professor de biologia. Tudo isto com certeza é muito engraçado, mas regozijar-se com o mal alheio revela uma personalidade bastante mesquinha. É por isso que as gargalhadas produzidas por esses episódios lamentáveis revelam tanta alegria, aproximadamente, como as risadas da hiena depois de um banquete de carniça.

    Existem outros tipos de alegria? Sim, senhor: a do animal são, a do vencedor da maratona, a do bêbado, a do palhaço etc. Algumas são boas e saudáveis, outras nem tanto: já dá para perceber que o problema é complexo e até poliédrico, como diria um amante do *kitsch*. (Também se fala algumas vezes de uma alegria profunda, serena, íntima... e tão secreta que não a desejo a ninguém.)

    Sobre a alegria «cristã» (tomemos o adjetivo com pinças), proponho-me falar nos próximos artigos. Para começar, devemos dizer que é a mais alegre, a mais divertida, a mais gloriosa, gozosa, autêntica, íntima, contagiosa, serena, efusiva, transbordante, apaixonada, cordial e duradoura de todas as que se conhecem. A razão é simples: nasce da presença do próprio Deus na alma. A essa presença, e ao efeito que produz, chamamos graça. E como a graça divina só pode ser destruída pelo pecado, não há doença, dor, crise ou fiscal do imposto de renda que nos impeça de sermos *agraciados* e mesmo *graciosos* – dentro do que é possível – até a hora da morte.

    – Tem certeza disso?

    – Absoluta. Tanto que me atrevo a afirmar que, se a alegria não for cristã, não existe. Que as gargalhadas de quem está longe de Deus são apenas espasmos musculares. Que a graça humana sem a graça divina é uma triste desgraça que não tem graça nenhuma. E que o humor sem amor se converte em mau humor...

– O senhor não estará passando um tiquinho da marca?
– Provavelmente, mas não imagina o prazer que se sente ao escrever estas coisas. Continuaremos com o tema.

Mostruário de agoureiros

O prof. Kloster, tantas vezes citado neste livro, acaba de publicar um meritório trabalho intitulado *Elenco de agoureiros, azarentos, desmancha-prazeres, mal-assombrados e outras pragas*. E já que no mês passado prometi falar da alegria, comecemos por comentar alguma coisa acerca do estudo desse tão eminente pesquisador.

Entende-se por *agoureiro* o espécime relativamente humano que vê somente o aspecto lúgubre das coisas: quando faz sol, chora antevendo a seca; quando chove, profetiza inundações. Para ele, as garrafas cheias pela metade estão sempre meio vazias; considera que a saúde é um estado transitório que não pressagia nada de bom; garante que não há situação tão desesperadora que não possa agravar-se; e pensa que os seres humanos são apenas «mortos que estão de férias».

O prof. Kloster chega a distinguir oito tribos de agoureiros, mas detenhamo-nos em apenas duas: a dos chamados *agoureiros aflitos* e a dos *destrutivos*.

O *agoureiro aflito* está convencido de que tudo sempre dá errado, mas não o diz: limita-se a olhar o próximo com ar atribulado, cada vez que este se propõe realizar algo «impossível». E se, apesar de tudo, o alcança, verá nesse êxito um sinal evidente de que a catástrofe final será ainda maior.

As suas expressões favoritas são: «eu já sabia...»; «quanto mais alto o coqueiro, maior o tombo»; «eu avisei»; «não é por muito madrugar que amanhece mais cedo» etc. Tudo isso lhe serve para não madrugar e para não correr riscos, pelo simples método de se abster de tomar decisões.

O *agoureiro destrutivo* é mais perigoso, e por sua vez divide-se em duas raças: o agoureiro *proselitista* (*desmancha-prazeres* ou *pé-frióide*) e o *suicida* (ou *pé-frio*). O primeiro dedica-se por vocação a cortar as asas dos outros. A essa triste cirurgia consagra os seus melhores esforços. Põe todo o seu entusiasmo em desentusiasmar os entusiastas e sente-se feliz quando o consegue. As suas frases mais repetidas são: «não seja louco»; «você vai se arrepender»; «lembre-se da Bel, que também casou com um cara do Acre e já está separada»; «mas nem pense em virar padre, você vai largar tudo no meio» etc. É que os agoureiros proselitistas tendem a imaginar que qualquer projeto que comprometa a pessoa por toda a vida só pode nascer da neurose ou da manipulação mental. É por isso que lutam com todas as forças para evitar que os outros abandonem esse estado letárgico de coma espiritual que julgam ser a quintessência da felicidade.

Capítulo à parte merece o *agoureiro suicida*. Trata-se de um sujeito que, quando não tem outra saída, inicia trabalhos de certa envergadura, mas sempre com a certeza de que não irão prosperar. Esse agoureiro, também chamado *pé-frio* ou *azarado*, capta com surpreendente precisão todos os obstáculos que podem apresentar-se pelo caminho... e espatifa-se metodicamente em cada um.

No outro dia, por exemplo, encontrei a Juliana com as duas pernas engessadas e um dramático esparadrapo no nariz.

– Mas o que foi que aconteceu?

– E o que é que o senhor acha? Simplesmente não dou para isso...

Com soluços entrecortados, contou-me toda a história. Acabara de tirar a carta de motorista (na quinta tentativa); pusera-se ao volante do seu Mercedes Classe A recém-adquirido e tomara a estrada do litoral para praticar.

– Ah, entendi! E daí você caiu no mar...

– Não! Bati numa árvore.

– Numa árvore? Não há nenhuma árvore nessa região.

– Há uma, sim – respondeu-me com ar compungido. – Vi-a de longe e compreendi que era o fim. As minhas mãos ficaram crispadas. Não conseguia tirar os olhos da árvore nem o pé do acelerador: comecei a repetir: «Vou bater, vou bater...» E, claro, bati.

Entendamo-nos: não é verdade que os pés-frios tragam desgraças aos outros. O pé-frio, na realidade, polariza os males sobre si mesmo. É um para-raios que chama e até torna reais as dificuldades que existiam apenas na sua imaginação.

O agoureiro suicida é uma permanente ameaça para si mesmo. E como a espécie aumenta, o mundo vai se enchendo de tipos que, no terreno profissional e no espiritual, nos seus amores humanos e no amor a Deus, só veem as pedras que vão encontrar pelo caminho. Como no caso da Juliana, dilatam-se as suas pupilas ao contemplarem o obstáculo e repetem: «Vou bater, vou bater, vou bater...»

O desenlace é inevitável.

A cura dessa enfermidade tão dramática é simples se for diagnosticada logo, por exemplo na «idade do frangote», que é quando costumam aparecer os primeiros sintomas. Refiro-me a esses jovens que, à hora de escolher a carreira, acabam procurando a mais fácil porque tremem diante do perigo de fracassar; dos que não se entregam a Deus porque se deixam obcecar pelos mil tropeços que sem dúvida virão a sofrer; dos doentes de torcicolo espiritual que não sabem levantar a cabeça para olhar para o alto, para a meta, porque têm medo de iludir-se, de amar, de viver. Refiro-me também a alguns desiludidos de quinze anos que, no fundo, são apenas uns pobres covardes, que estão sempre «de volta» sem jamais se terem atrevido a estar «de ida...».

Não se preocupem, que a coisa tem conserto. No próximo mês dou-lhes a receita.

«Eu passo»

No jargão do pôquer, existe a expressão «passo», isto é, «não participo desta rodada». Sempre houve pessoas que «passam» em muitas coisas no jogo da vida – no trabalho, no amor, no esporte, na política... –, ou por não estarem interessadas, ou por não terem a certeza de vir a ganhar com as cartas que têm na mão. Mas o natural é que semelhantes atitudes sejam próprias dos que já viveram muito e perderam o interesse por quase tudo; ou seja, são próprias dos velhos desiludidos.

No entanto, esse fenômeno vem se observando nos últimos anos principalmente entre os mais jovens, a ponto de se mostrar como um sintoma próprio da adolescência, da idade do frangote. Este é o dado mais original e preocupante da epidemia.

Esses sujeitos caracterizam-se por fazer «cara de quem está por cima», o que não deixa de ser suspeito, uma vez que os autênticos céticos não sentem necessidade de fazer exibições de ceticismo. Pelo contrário, se o roteiro o exige, são bem capazes de fingir entusiasmos desproporcionados sempre que for necessário.

– Então o senhor acha que todos os adolescentes desencantados são uns hipócritas?

Não é bem assim; mas quando a minha amiga Mônica (quinze anos, segundo colegial, três vermelhas na última avaliação) afirma que «está desencanada» dos estudos, do Leonardo e dos homens em geral, bem como da Lourdes, que é a sua professora de Comunicação e Expressão, o que está fazendo é simplesmente enumerar os problemas que mais a preocupam.

A verdade é que ela não é capaz de prescindir desses assuntos. E, com o seu ar entediado e nariz empertigado, a única coisa de que tem medo é de fracassar: não tem muita certeza de ser tão esperta como diz a sua avó e pensa que, com as espinhas que nos últimos tempos lhe apareceram na cara, mais o aparelho ortodôntico que acabam de enfiar-lhe, nunca mais um indígena do sexo masculino olhará para a sua cara. Em vista disso, ensaia o gesto mais displicente e abúlico do seu rico repertório e, como a famosa raposa da fábula, garante que «está desencanada» dessas coisas porque as uvas estão verdes[1].

– Sabe de uma coisa? – dizia Aline à sua amiga Helô. – O Fê é um irresponsável, e não me importo nem um pouquinho se nunca mais o vir.

Se o negócio ficasse por aí, o problema não seria excessivamente grave. O ruim é que esse medo de encarar os problemas, o pânico do fracasso, começa a ser crônico entre muitos jovens, que se defendem com uma espécie de apatia triste, com uma frieza mais falsa do que uma peruca azul-marinho.

Há quem «passe» em matéria de estudos porque pensa que, do modo como as coisas andam, é um suicídio ter

---

(1) Mônica, a estas alturas, já não tem uma só espinha e faz tempo que ultrapassou as atitudes teatrais da adolescência. Digo isto em honra da verdade e para evitar represálias.

ambições profissionais. Há quem «desencane» do amor certamente porque lhe repetiram até a náusea que o importante é o sexo e que o sexo é apenas uma questão de tubulações e de conhecer o manual de instruções. Alguns «estão fora» de política por razões demasiado evidentes. E todos, no fundo, «passam» quando se trata de «sonhar», porque foram educados na ética do «viva o presente e esqueça o futuro», do «não se comprometa com nada, porque mais vale um pássaro na mão do que cem voando».

É verdade, o «eu passo», a omissão, é a filha inevitável do hedonismo. E o hedonismo é mesquinho, triste e agourento: corta as asas que Deus nos deu para voar até Ele. Ridiculariza os que se propõem empreender algo grande; ri da epopeia de Homero, de John Wayne e do 7º de Cavalaria. É covarde, sentimentalóide, mole e espantadiço. Pior ainda, chama à covardia, inteligência; e ao heroísmo, estupidez.

Meus caros conformistas (Aline, Jô, Mônica, Davi etc.): para vencer um inimigo, a primeira coisa e a mais importante a fazer é olhá-lo de frente. Ignorar a sua existência é uma estupidez; desviar os olhos, suicídio. O inimigo de vocês é o medo, o pavor do futuro, do risco, da aventura. É claro que custa admiti-lo! Dizer: «Passo», «Desencano», «Tô fora» é mais cômodo. E também é mais triste, mais estéril e muito mais idiota.

A melhor receita contra a desistência é reconhecer o medo sem medo. Gritar, se for necessário, que até o umbigo nos treme de pavor. E a seguir, pelando-nos de medo, mandar às favas todos os maus agouros que procuram cortar-nos as asas.

E depois ir em frente, que é muito sadio.

A última que morre

Entre os valores morais cuja cotação está em baixa, o que anda pior é o otimismo.

– Olhe, cara, do jeito que as coisas andam, se você não for pessimista, faz um papel ridículo.

O Alfredo não se referia a nada de concreto, à situação do mundo ou coisas assim. Mas tinha razão: nestes últimos anos, é como se fosse obrigatório ser pessimista.

Existe um *pessimismo planetário* que é conveniente exibirmos de vez em quando para não passarmos por cretinos. Já sabemos... A camada de ozônio, o aquecimento global, as espécies em extinção, as calotas polares que se estão derretendo, a bomba demográfica (que vai encher de crianças – negras – o planeta), a Aids (que exterminará todas essas crianças), a poluição das águas, as mudanças climáticas, a escassez de alimentos, as manchas de petróleo, a vaca louca, a falta de filhos, o excesso de avós... Isso tudo e mais algumas catástrofes que se anunciam levam algumas pessoas a convencer-se de que não chegarão ao próximo ano.

Existe um *pessimismo na humanidade* e nas estruturas humanas: a corrupção galopante, os partidos putrefatos, a voracidade dos bancos, a estupidez dos sindicatos, a negligência dos funcionários, as mentiras da imprensa, o negativismo dos jovens, o cinismo dos velhos, os testes nucleares, a direita que vem, a esquerda que não se vai, as seitas que nos invadem, as tribos urbanas...

Dizia-me Fernando José:

– Se você quer entrar numa conversa em plena efervescência e não sabe de que estão falando, não se preocupe. Basta que exclame com convicção: «É revoltante!» Todos lhe darão razão, e você poderá juntar-se ao coro da cólera geral sem mais averiguações.

Além disso, há um *pessimismo pessoal*, uma crise de ambição, que atinge os mais jovens. A culpa não é toda deles: fomos nós que lhes cortamos as asas. Do modo como estão as coisas, quase ninguém se atreve a sonhar alto. A Universidade está cheia de aspirantes a médicos que se conformariam com ser extirpadores de furúnculos pelo SUS; de prêmios Nobel em potencial que dariam qualquer coisa para garantir um lugar como ajudantes de laboratório...

Porém, há principalmente um *pessimismo* quase *metafísico* que considera irreversíveis essas previsões. Por definição, nada tem solução. A lei de Murphy (que se compra em qualquer banca de jornais), segundo a qual toda situação desesperada se agravará ainda mais por mais que nos esforcemos, converteu-se em dogma.

Daí que a nossa sociedade seja tão conservadora, no sentido mais profundo da palavra. Poucos acreditam numa mudança. Refiro-me, evidentemente, à mudança pessoal, à conversão, à possibilidade de nos tornarmos diferentes, de aspirar ao mais alto... A outra *mudança*, aquela que os políticos prometem, é apenas uma mudança de paisagem para que tudo continue na mesma.

– Eu me conheço. Sei que nunca vou mudar... – dizia-me a Bete do alto da experiência dos seus dezesseis anos recém-completados.

De que estou falando? De uma *virtude* e de uma *paixão* que têm o mesmo nome: *esperança*. Dizem que é a última que morre. Não tenho tanta certeza.

A virtude da Esperança (com maiúscula, *please*) tem Deus como objeto e como meta. Fala do Céu, de uma felicidade transcendente mas próxima, que se começa a preparar aqui em baixo. Diz-nos que é possível transformar tudo, desde que nos atrevamos a mudar nós mesmos. Assegura-nos de que a conversão pessoal não é um sonho; de que Deus não perde batalhas, de que até pode fazer-nos santos, desde que O deixemos agir dentro de nós. Convida-nos a levantar os olhos para enxergar além do próximo fim de semana. E recorda-nos também que um único homem ou uma única mulher podem mudar a História, com a ajuda de Deus. Isso já aconteceu milhares de vezes.

E a paixão da esperança? Aristóteles descreve-a com detalhes: é o que se chama *entusiasmo,* atitude de quem sonha e se encanta com o futuro, de quem tem enorme vontade de luta. Afirma o Filósofo – e é bem capaz de ter razão – que é uma atitude própria dos jovens e dos bêbados.

Os que já não somos tão moços e também não estamos com grande disposição para cair na bebida pensamos que Deus pode embebedar-nos de otimismo. Boa falta nos faz! Sem ele, quem seria capaz de levantar-se da cama às 5:30? Concordo com Péguy quando escreve que a esperança é uma criança que a cada manhã me dá bom-dia.

As jujubas

Finalmente, descobrimos uma razão para não nos drogarmos. Temos já um bom motivo para viver, apesar do desemprego, do desânimo e da declaração do imposto de renda: as jujubas.

Quem o garante é a televisão, numa propaganda vertiginosa patrocinada por algum órgão público. Talvez você já a tenha visto: de repente aparecem e desaparecem na tela dezenas de frases que bombardeiam a retina do telespectador, sem lhe dar tempo para assimilá-las. Trata-se de uma longa lista de estímulos que pretendem afastar-nos da tentação da droga:

– As focas, os jeans, o meu cachorro, um passeio pelo campo, a minha prima Bia, as jujubas, a ecologia, a praia, o cinema...

Levo meses procurando gravar essa mensagem da TV para passá-la depois em câmera-lenta e divertir-me com todos e cada um dos belos prazeres que o poder público nos propõe como alternativa para a viagem letal das drogas. Mas é inútil: a maldita propaganda aparece de improviso e, quando me lanço para o vídeo, já é tarde.

O que mais me intrigou da primeira vez foi a referência às jujubas. Será possível, disse para mim mesmo, que as vulgares jujubas tenham a virtude de prevenir a toxicomania? Resolvi verificar.

Reconheço que até ontem não me havia atrevido a entrar numa doceria. Esses recipientes esferoides, em tonalidades rosas, cheios de doces coloridos que lembram a Guerra nas Estrelas, e a encarregada, que costuma usar gorro vermelho e ter cara de aeromoça, dão-me um certo receio.

– Tem jujubas?
– Normais ou super?

Experimentei uma ali mesmo, na presença da empregada, e até reparti a experiência com dois diminutos clientes, que agradeceram a gentileza, embora me houvessem afirmado que preferem pirulitos e uns chicletes que saíram agora, com sabor de doce de ovos.

Quando terminei a primeira jujuba, comprovei que realmente não sentia o menor desejo de drogar-me. «Funciona!», disse de mim para mim. E já estava disposto a ir contar a descoberta aos meus amigos quando me dei conta de que, antes de entrar na loja, também não tinha vontade de drogar-me. E mais: nunca, em toda a minha vida, me tinha passado pela cabeça essa possibilidade. A experiência, portanto, não oferecia suficientes garantias científicas. Devia falar com alguém que realmente tivesse esse problema e oferecer-lhe uma balinha como alternativa...

* * *

Vamos falar sério? Estou convencido de que os criadores dessa propaganda têm a melhor boa vontade e só pretendem afastar-nos do *crack* ou da erva, fazendo-nos ver que há motivos melhores para viver. No entanto, o resultado é demolidor. Será que são esses os valores que devemos propor aos jovens como alternativa para as drogas?

Acho que você compreende que me sinta incapaz de continuar brincando. Lembro-me de Alberto, que conheci numa clínica psiquiátrica: tem agora vinte e três anos e começou a picar-se aos treze. Uma vez desintoxicado, está procurando viver a adolescência que perdeu. Penso também em Lúcia, que injeta heroína desde que foi iniciada no vício por um primo, aos doze anos, e que ri quando lhe dizem que a droga mata:

— Mas é isso o que eu quero — responde. — Estou farta da vida.

E em Francisco, que um dia me parou na rua porque eu estava de batina:

— Padre, tenho Aids.

— E em que posso ajudá-lo? — perguntei-lhe.

— Não sei... Queria conversar com o senhor.

Morreu seis meses depois e está no Céu.

Pois bem, nenhum deles chegou às drogas *apenas* por culpa do desemprego, ou do ambiente, ou porque alguém lhe ofereceu a primeira erva. Muito antes da primeira dose, todos pertenciam ao grupo de risco mais perigoso: o dos cínicos precoces, o dos desiludidos mais desesperados; eram já portadores dessa tristeza profunda que se aloja como um quisto na alma de alguns jovens.

É uma amargura epidêmica que cresce à medida que avança o hedonismo teórico e prático. Neste mesmo momento, milhares de adolescentes estão aprendendo nas suas casas e nos colégios que o importante na vida é buscar o prazer mais intenso e mais imediato; é claro, sem correr riscos. Alguns assimilam a lição e se convertem em monstros: em aves de asas atrofiadas, em reprimidos crônicos, eternamente frustrados.

Leio em *Caminho:* «Se a vida não tivesse por fim dar glória a Deus, seria desprezível; mais ainda, detestável» (n. 783). É uma pena que alguns descubram isso na sua própria carne e que busquem qualquer coisa – álcool, droga, violência, uma seita ou uma tribo urbana –, inclusive a autodestruição, antes de entrar no jogo estúpido de uma sociedade que oferece, como alternativa para a morte, o amor às focas.

Se você encontrar um jovem à beira desse abismo, não lhe fale das jujubas, que ele pulará. Vença o seu medo e fale-lhe de Deus, pois, embora ele não o saiba, é o que está buscando.

...e foram felizes para sempre comendo hambúrgueres com ketchup

Já levamos uns tantos artigos dando voltas ao tema da alegria, e, ainda que não pareça fácil, não tenho outro jeito senão rascunhar alguns fólios sobre a felicidade.

Podem-se dizer algumas coisas: por exemplo, que quase ninguém sabe em que consiste, e nem por isso deixamos de buscá-la nem de falar dela. Que, por ocasião do nosso aniversário, não nos desejam *a* felicidade, mas *muitas* felicidades. E, naturalmente, que também fazem votos para que sejam *muito felizes* as viagens, as férias, o casamento, o Natal e o Ano Novo...

– E os sonhos?

Principalmente os sonhos, uma vez que, conforme disse um filósofo, «a felicidade é como uma grande vontade de dormir».

Num famoso congresso de um partido político não menos famoso, cujo nome não vou dizer para não envergonhar os seus dirigentes, afirmava-se que a sua proposta era nada menos que «um projeto de felicidade para todos os cidadãos do país».

Também nos filmes – especialmente os norte-americanos – se fala de felicidade até enjoar, e quase sempre num tom meloso e indigesto, tão distante do mundo real que provavelmente não causa a menor impressão nos espectadores (ao menos é o que espero). Os rapazes e as moças dos filmes falam da sua felicidade a toda hora e nas situações mais comuns e corriqueiras. E é surpreendente verificar de que tolices a fazem depender.

– Você será capaz de opor-se à felicidade da sua filha, André Luís? – perguntam 90% das esposas loiras aos seus respectivos maridos em algum momento dos 68% ocupados pelas telenovelas.

A presumível felicidade da mocinha costuma ser um jovem chamado Roberto, que sente algo muito especial por ela.

Filmes à parte, o certo é que a maioria dos seres humanos relaciona a felicidade com o amor. Pensamos – não sem razão – que nem o último modelo de automóvel, nem a casa à beira-mar, nem sequer o telefone celular que o papai nos prometeu nos farão realmente felizes. Assim se compreende que, quando alguém compra, vamos dizer, uma garrafa de uísque no bar da esquina, o balconista da loja não nos diga: «Seja feliz com ela, seu Raimundo». No melhor dos casos – se for educado –, desejar-nos-á que nos faça bom proveito.

A verdade é que toda a babaquice imperante está chegando a tais extremos que qualquer dia, na televisão, vão prometer-nos a bem-aventurança suprema desde que troquemos de detergente. Não obstante, intuímos que o segredo da felicidade não está em *ter* coisas e nem sequer em *possuir* pessoas como se fossem objetos, mas em *ser* algo mais que consumidores de prazeres, de experiências ou de sensações.

Sim, todos temos a certeza de que o caminho para a felicidade depende muito de que encontremos um sentido para a nossa vida; de que encontremos algo ou alguém por quem valha a pena sofrer, lutar e até morrer. É que o sofrimento, a luta e a morte são pedágios inevitáveis deste nosso caminho na terra. Daí que todo aquele que aspire a ser feliz deva contar com eles e conseguir que não pareça insuportável ter de pagá-los. Essa entrega – esse desvelar-se com todo o gosto e com sacrifício – é o que designamos por *amor*.

Não sei se não estou complicando demais as coisas. Talvez esteja recordando algo evidente, a que não valia a pena dedicar tanto espaço. A culpa desta reflexão enrolada é da famosa propaganda das jujubas de que falei umas páginas atrás. Haverá alguém capaz de imaginar que a felicidade seja apenas a resultante de uma soma de prazeres mais ou menos banais?

Não. Isso que nos esforçamos por chamar felicidade está em relação direta com a quantidade de amor que saibamos dar. E como aqui na terra o maior dos amores é apenas uma sombra, um caminho em direção ao amor pleno do Céu, somente ali saberemos desvelar-nos por completo[1].

– Em resumo, não é possível ser feliz neste mundo...

– Sem dúvida. Mas o que, sim, se pode é avançar em direção à meta, *ir pelo bom caminho* e tê-la cada dia mais próxima, pressenti-la apesar de todos os pesares que enfrentamos. Esta é a alegria dos que estão profundamente apaixonados, ou seja, dos santos.

O problema, como sempre, é o hedonismo, essa moral/imoral do prazer *light* que não compreende o sacrifí-

---

(1) É a segunda vez que emprego o verbo «desvelar-se»... Que gafe de estilo! Mas não o troco por nenhum outro: é um sinônimo perfeito do verbo «amar».

cio, pois pensa que o amor é apenas um divertido fenómeno bioquímico de curta duração que deve ser praticado como um jogo, evitando riscos indesejáveis.

O hedonismo é uma renúncia explícita a encontrar a felicidade. Ponho-o aí assim, em itálico, porque gostaria de deixá-lo bem claro aos que se empenham em transformar a sua vida num perfeito *estar sempre numa boa*.

Esse «estar sempre numa boa» parte da base de que viver significa apenas aguentar o tranco, sem qualquer objetivo.

Um hedonista consequente ao extremo busca uma felicidade com baixo teor de calorias, feita de pequenos prazeres desnatados, cada dia menos intensos e mais deprimentes, porque, quer queiramos ou não, o paladar também envelhece.

Deve ser duro viver assim, fugindo permanentemente do sacrifício e topando com a dor em cada esquina. Sem encontrar o prazer, que tanto se busca, praticando uma filosofia de vida que aspira somente a vegetar e a cuidar da saúde para que o tormento dure alguns anos mais.

O hedonismo pretende convencer-nos de que a felicidade não existe e de que o certo é anestesiar o espírito com sucedâneos, enquanto o corpo aguentar. O hedonismo é temperado, judicioso e comedido. Não gosta dos excessos pouco civilizados dos que se atrevem a falar de amor. Nada de ser felizes e comer perdizes. Quando muito, viver numa boa e comer hambúrgueres (com ketchup, para dissimular o sabor).

7. Alguma coisa sobre a família

— Só dois artigos sobre a família?
— Na verdade, um e meio, porque no primeiro só se fala do divórcio, tomando por base umas declarações que fez um certo ministro e que, graças a Deus, não deram em nada.

Não é que a questão me pareça pouco importante. Pelo contrário. É por isso que peço permissão para me estender um pouco mais nesta introdução.

Agora mesmo, há muitos jovens — talvez alguns dos que estão lendo este livro — que não querem nem ouvir falar de «formar uma família» — aquela velha e entranhável expressão dos nossos avós. Preferem «formar casais», como os urubus ou os ratões-do-banhado. A ideia de «constituir um lar» — outra forma antiga de falar –, de rodear-se de filhos e de dedicar boa parte das energias próprias a levar adiante esse grande empreendimento parece-lhes uma loucura, coisa de outros tempos.

Naturalmente, a culpa não é deles, nem das dificuldades atuais da vida, nem de algum tipo de mutação genética. Foram educados assim: no individualismo, no hedonismo, no medo do risco e da aventura. Muitos aprenderam no seu próprio lar a ser egoístas.

Por isso, aproveitando que não me está escutando, peço solenemente ao Ministro ou Ministra da Educação que crie uma disciplina obrigatória para meninos de doze ou treze anos, na qual se explique como é bom ter uma família, gerar filhos, educá-los e com eles rir, chorar e atravessar a «aborrescência». Uma disciplina que fale da família sob todos os pontos de vista: como ambiente de liberdade, como unidade econômica, como escola de virtudes, como transmissora da fé... Que nos conte a sua história e os seus frutos.

(Mas não... Pensando melhor, é preferível que o Ministro não faça nada. Não seja que os manuais e os eventuais professores estraguem todo esse projeto.)

Penso que se trata de uma tarefa para os cristãos. Não deve ser deixada ao cuidado das paróquias ou dos pais somente. Em vez de ensinar tanta «tecnologia sexual» em sala de aula, que aliás a criançada já sabe de cor e que só serve para igualar o sexo com a graxa de sapatos, vamos falar-lhes do lar, tal como deve ser, e fazer que sonhem com o que sonhavam os nossos avós.

Se alguém me der uma mão, comprometo-me a ir escrevendo esse manual para ajudar os professores que ainda tenham a sorte de ensinar com liberdade, sem censuras nem chantagens do poder público.

De qualquer forma, esta espécie de cruzada a favor da família conta com outro inimigo poderoso: refiro-me, naturalmente, à família light, da qual falarei um pouco mais adiante.

Divórcio obrigatório e indissolúvel

— Você viu? Agora estão dizendo que o Ministro de Não-sei-quê afirmou que vão fazer outra lei do divórcio, para que seja mais rápido e mais barato.

— Mas isso é ótimo, Carol. Esse pessoal pensa em tudo! Com o custo de vida tão alto, pelo menos assim a gente pode economizar um pouco no divórcio, não acha?

— Claro. E ainda tem a inflação.

— E a burocracia! Você nem imagina a papelada que é preciso preencher! Com tantos expedientes e tantas taxas, nem dá vontade de divorciar-se. Pense só, um divórcio quase custa mais do que um casamento!

— Está certo, Yvonne, mas isso até é lógico. Se, para casar-se, você precisa de um monte de papéis, cursinho para noivos, certidões, proclamas, vestido de noiva, recepção, padrinhos, testemunhas... e ninguém acha ruim, também para descasar-se será bom ir pouco a pouco...

— Mas por quê? Olha só como você é antiquada, Carol! Qualquer um sabe que quebrar uma coisa é sempre mais fácil do que construí-la. Você está cansada do seu marido? Brigaram para ver quem fica com o controle remoto? Pois bem, com a nova lei, tudo se resolve na hora: você liga para essa ministra que trata dessas coisas de maridos e de sexo (como é que se chama mesmo? Bem, tanto faz!) e diz

para ela: — «Olhe, ministra, querida, é assim e assado». Daí você tem que ir ao advogado, assina um documento... e pronto! Já está novinha em folha para casar-se outra vez com quem quiser.
— É, não sei... Parece-me um pouco rápido demais.
— Mas é claro que é rápido. Afinal, estamos num país livre.
— Sim, mas você sabe que me dou bem com o meu Ari, que é um pouco grosso, é verdade, mas gosto demais dele.
— Ué? Então você não se divorcia, e pronto.
— É que me daria medo ter uma lei assim... Imagine só se um dia destes a gente brigasse. Isso acontece, normalmente temos uma ou duas discussões por trimestre. No verão passado, por exemplo, passamos quinze dias sem nos falarmos. E tudo porque me esqueci de lhe dizer que havia convidado a minha mãe para passar o fim de semana em casa. Pois olhe, aquele antipático nem me dirigia a palavra. Juro, Yvonne, que, se pudesse, teria ligado para o teledivórcio, e agora quem sabe se não estaria envolvida com o Francisco, aquele da casa de carnes. Imagine só! Que horror!
— Bom, minha filha, se é o que você acha...
— E que quer que eu ache? Para mim, o que esse Ministro de Não-sei-quê pretende é que haja um divórcio por cada briga conjugal. Dessa forma, pouco a pouco, vamos acabar no divórcio obrigatório. Porque, diga-me, quantos casais você conhece que não briguem, digamos, a cada dez anos?
— Bem, mas acho que, se você se separa na louca, só porque lhe deu um ataque, e depois se arrepende, poderá desdivorciar-se, ou como digam...

– Isso é o que você pensa, querida. O nosso país está tão adiantado que a única coisa realmente indissolúvel é o divórcio. E com esse modelo *turbo* que querem implantar agora, nem queira saber o tamanho da confusão! Suponha só que você briga com o seu querido Alcides ou se enrabicha com o idiota do Armando da frutaria. Pois bem, em três dias você tem dois advogados em casa, o seu e o do seu marido, que começam a discutir num jargão que não há quem entenda. O seu dará razão a você em tudo (até que isso é gostoso...) e vai convencê-la de que o Alcides é ainda pior do que você pensava. Depois o homem consegue o divórcio, casa você com o Armando, manda-lhe uma boa conta... e quero ver como sai dessa.
 – Bem, são os riscos da liberdade...
 – Pois eu acho que isso tem muito pouco a ver com a liberdade. Vamos dizer que alguém construa uma casa para morar. Vai querer que seja firme. Mas não se sentirá mais livre se souber que pode derrubá-la com um simples pontapé na parede, pelo contrário! Olhe, querida, numa casa assim eu não me sentiria nem um pouquinho à vontade. Pensaria: «Caro! É melhor alugar um apartamento por aí, pois vamos supor que por acaso, um dia, sem querer, o Ari, ou quem sabe você mesma, esbarra nessa parede». Com o casamento é a mesma coisa: se as leis querem uma construção cada vez mais frágil, eu vou é garantir-me e ter algum amigo de reserva... Quem me diz que algum dia o legítimo não falha, não é?
 – Mas como você é bruta, Carol.
 – Não, querida, não. Bruto é esse ministro. O que eu quero é um casamento, não um vaso de porcelana que se quebre da primeira vez que passar o espanador.

A família *light*

A família é um ecossistema natural para a defesa da vida humana e da liberdade.

Uma afirmação assim tão rotunda merece um comentário.

Desde que o mundo é mundo, o Poder (ponha o adjetivo que melhor lhe aprouver: político, midiático, econômico etc.) sente a perversa tentação de influir no modo de pensar do pessoal e, se for possível, manipulá-lo. Os meios de que dispõe são cada vez mais eficazes; como o próprio nome indica, o Poder *pode* uma enormidade: será preciso insistir nas catástrofes encefálicas que se produzem num cérebro tipo *standard*, quando recebe uma dose de setecentas horas anuais de televisão?

O doutrinamento a que os poderosos nos submetem – jamais renunciam a tão abnegada tarefa – não se deve ao amor que professam por nós. Na melhor das hipóteses, buscam apenas o nosso voto, e para consegui-lo nada melhor que formar cidadãos dóceis à ideologia dominante, plugados nos *eletrodomesticadores* que o Poder controla, a fim de que nunca caiam na tentação de pensar por conta própria.

Graças a Deus, o Poder encontra alguns obstáculos em seu esforço domesticador. E o primeiro é, precisamente, a família.

Acontece que Deus Nosso Senhor dispôs que os indivíduos viessem ao mundo num meio natural chamado «família»: um ecossistema fundado no amor de um homem e de uma mulher, que cria em torno deles um âmbito de intimidade, necessário para o nascimento e para a formação dos filhos.

Essa intimidade familiar é, hoje mais que nunca, um reduto de liberdade frente ao totalitarismo. É a camada de ozônio que protege dos raios do Poder, muito mais perigosos que os UV.

Quando uma família cumpre com a sua missão, transmite convicções e valores; educa nas virtudes; ensina a pensar, a lutar, a amar, a falar com Deus e a defender-se das influências e agressões externas. Em resumo: vacina os espíritos contra os *slogans* e os lugares-comuns e proporciona aos filhos as armas imprescindíveis para atuarem livre e responsavelmente.

A família incomoda um Estado com tentações totalitárias. Este prefere entender-se diretamente com indivíduos emancipados, «liberados» (com aspas grossas, por favor) de qualquer influência que não seja a do próprio Poder.

O problema é que a família existe, e o seu prestígio não diminui apesar dos *anos* mais ou menos *internacionais* que se organizam contra ela. Que pode então fazer o Poder para entrar a saque na mente dos cidadãos?

A sua estratégia tem sido a de ir debilitando essa camada de ozônio a que me referi acima, até conseguir que a família fique reduzida quase a uma simples fachada, a uma espécie de moradia de indivíduos autônomos, unidos por vagos sentimentos de afeto e por uma geladeira bem abastecida.

Assim nasceu a família *light:* uma instituição própria dos países ricos, já que os pobres não estão em condições de se permitir tais luxos.

Descrever em tom sério as suas características exigiria muito espaço. Vamos enumerá-las, portanto, na brincadeira. E ainda que nem todos se sintam apanhados pelo retrato, imaginem que alguns destes traços fazem parte da sua própria caricatura... ou da minha.

* * *

A família *light* costuma ser pequena. Naturalmente, existem muitos casais admiráveis com poucos filhos; mas nada como uma família numerosa para vacinar-se definitivamente contra essa doença.

A família *light* gira em torno de três eletrodomésticos fundamentais: a geladeira, a televisão e o aparelho de som:

a) a geladeira serve para comer *à la carte* em qualquer momento do dia ou da noite, sem se submeter a horários nem a dietas maternas. É útil também para conviver o menos possível com os demais membros da família e para tomar uma cerveja com alguma coisa diante:

b) da televisão. Liga-se ao amanhecer e, graças à função *timer,* desliga automaticamente quando todos já estão dormindo. Há tantos aparelhos na casa quantos os aposentos. A televisão da cozinha serve para ver o que passa de manhã. A da sala de jantar, para não correr o risco de conversar se, por um acaso, a família inteira se reúne. A da sala de estar é a do pai, que chega superestressado do trabalho e precisa relaxar na sua poltrona com um filme qualquer. A da salinha é para a mãe, que afinal também tem direito à sua telenovela diária. E as dos quartos de dormir, como o seu próprio nome indica, servem para dormir sem ter nem maus nem bons pensamentos;

c) o aparelho de som com fones de ouvido. Produz um delicioso efeito isolante: corta toda a relação com os outros e é perfeitamente compatível com o *Playstation*, que é a droga dos mais jovens.

Na família *light*, existe uma autoridade férrea para tudo o que é acessório (a escolha do carro, o lugar para passar as férias) e uma total anarquia para o fundamental (assistência à Missa etc.).

Os membros de uma família *light* nunca rezam juntos, talvez porque se veriam obrigados a desligar a televisão. Na realidade, a vida espiritual de cada um é uma questão tão íntima e profunda que, para encontrá-la, seria necessário fazer escavações arqueológicas.

Na família *light*, fala-se muito de sexo: o pudor está completamente superado, e todos têm uma exaustiva informação sexual (um bom manual de instruções, quero dizer). Em contrapartida, nunca se fala a sério de amor, de fecundidade, de fidelidade, de entrega... («Menino, isso não se diz em família!»). À família *light*, só lhe interessa o sexo *light*.

Essas famílias também têm as suas tragédias, amarguras e desgostos. Vejamos quatro exemplos significativos:

a) O «fracasso escolar» do filho. A culpa, naturalmente, é sempre do colégio, que se compraz em produzir traumas, provavelmente irreversíveis, na autoestima da pessoa humana.

b) A menina engordou e não tem o que vestir para a festa de aniversário da Pri.

c) O Arturzinho meteu na cabeça que quer ser missionário na Uganda («as seitas nos espreitam», comenta aflito o pai). Deve-se ter presente que, numa família *light*, a entrega a Deus é considerada uma neurose, tolerável apenas nas famílias dos outros.

d) Deram uma raspada na traseira do Audi do pai, e não se fala de outra coisa durante três dias.

E se o filho chega a casa de madrugada, destilando uísque pelos poros? Então, sim, o pai da família *light* tomará uma decisão firme: esconder-se debaixo da mesa de centro para não se inteirar do assunto. «Qualquer dia destes», dirá todo preocupado, «terei que falar seriamente com esse rapaz».

Na família *light* existe uma discreta biblioteca. O pai cuida de comprar os dois ou três livros mais vendidos do mês, e sempre se encontram também outros títulos tão sugestivos e profundos como estes: *Como passar de ano sem fazer esforço, Como ganhar a filha do chefe, Mick Jagger visto pelas suas namoradas, Breve tratado de halterocopismo* ou *Guia dos restaurantes e hotéis do Rio*.

Na família *light* tudo é trivial, menos o trivial. Tudo é opinável, exceto o princípio da «opinabilidade universal». Ninguém tem convicções nem crenças, mas apenas opiniões. Resumindo: todos padecem de uma *síndrome de imunodeficiência moral* de difícil tratamento e mau prognóstico, já que se veem expostos a todas as infecções ideológicas em voga. Mas não estão preocupados com isso. A única coisa que lhes interessa é manter a boa saúde e conservar pelos séculos dos séculos o belo bronzeado dos adolescentes das séries de TV.

P. S.: O artigo que publiquei em *Mundo Cristiano* estava redigido assim, do início ao fim. Minha mãe, que é a minha consciência crítica mais severa, disse-me que não tinha gostado do final.

– Você não pode terminar dessa forma... Terá de dar soluções. Não irá querer desenganar as famílias *light*.

Tinha razão, mas não era fácil rematar o artigo em quatro linhas. Não se cura com pomadas uma doença tão grave. Não se sai do aburguesamento e da tibieza aos poucos, como que sem querer: é necessária uma conversão, uma mudança radical de atitude. E é disso que estamos falando: de uma mediocridade que pode afetar tanto as pessoas individualmente como as famílias, os casais, os lares, cristãos ou não.

– E então...?

Então devemos pedir a Deus que nos faça entender o quanto antes a seriedade do problema.

Que ninguém se acostume à tristeza do amor *light* e do egoísmo.

Que os pais queiram reagir e reajam.

Que se reconstrua a camada de ozônio de que falávamos antes, para que nem a voracidade do Poder nem o peso das ideologias alterem esse ecossistema de amor e de liberdade.

E, principalmente, que os mais jovens vão para o casamento sequiosos de aventura, dispostos a doar-se, a formar uma família e a empenhar por completo a sua vida nesse empreendimento extraordinário que Deus lhes confia.

8. Pensar por conta própria

Os três artigos que se incluem nesta epígrafe bastam para justificar o título do livro inteiro.

Além da ideia de fundo, têm em comum que nasceram a partir de três episódios rigorosamente verdadeiros: um pequeno incidente com o caixa número 7 do hipermercado, a pesquisa televisiva sobre a eutanásia – ignoro se afinal foi ao ar – e um programa de rádio que ouvi a caminho do Alto Aragão.

Insisto na veracidade dos fatos, porque algumas alunas me vêm dizendo de um tempo para cá que me estão acontecendo «coisas demais». E pela ênfase com que o dizem, dão a entender que estão convencidas de que invento tudo.

Pois bem, agora que já estamos terminando o livro, devo reconhecer que, realmente, procuro enfeitar um pouco as histórias, para que o leitor não boceje demais. Celidônio, por exemplo, não se chama Celidônio, e a moça da caixa do hipermercado talvez não mascasse chicletes, ou talvez sim. E, francamente, não me recordo se o microfone da televisão era amarelo ou azul. Mas, no essencial, todas as histórias são autênticas. Acho que, se algumas pessoas são mais inclinadas a ver-se envolvidas em confusões, pode ser porque as provocam para depois tirar-lhes proveito.

Justamente hoje de manhã...

– Não comece, padre Enrique; nada lhe aconteceu hoje de manhã.

– Está bem, está bem, mas também não é para tanto...

Ideias em oferta

Passei meses com vontade de ler aquele tratado sobre as aves de rapina, mas nas livrarias diziam-me que estava esgotado.

Já tinha quase renunciado ao meu propósito quando o encontrei no mercado. Era vendido em dois volumes separados, em sacos plásticos transparentes, como as escarolas, cada um acompanhado de outros três livros, ao preço de R$15,00. Era barato, mas, se quisesse levar os dois volumes, devia comprar dois pacotes, oito livros no total, por R$30,00.

– É que estão em oferta, sabe? – afirmava a caixa, enquanto ruminava chicletes rítmica e incansavelmente.

Olhei os outros livros incluídos no preço: um guia sobre fungos, um manual de criação de coelhos, dois romances de espionagem, uma versão reduzida do *Ulysses* e as obras em prosa de Amado Nervo.

– Entendo, em oferta... Mas não posso levar só os de aves?

– Não. É o lote inteiro. É que estão em oferta.

– Olhe, vamos fazer uma coisa. Pago-lhe R$10,00 e levo dois em vez de oito. Que tal?

– Estão em oferta, senhor. Ou leva as embalagens e me paga, ou as devolve à prateleira.

– Senhorita (desfraldei o mais desesperado dos meus sorrisos), dou-lhe de presente os romances de espionagem, o guia sobre fungos, a psicologia do coelho e tudo o mais, porque prefiro assim e não gosto de cogumelos. Pago-lhe os oito livros; mas você vai permitir-me sair daqui levando somente as minhas aves de rapina, porque é o que eu quero, e as minhas forças são limitadas.

– Não, senhor – respondeu com firmeza a ruminante caixa. – Se o chefe me vê com os livros, arranca-me o cabelo. Estão...

– ...*em oferta* – dissemos os dois ao mesmo tempo.

Saí do hipermercado bem carregado. Estava já pronto para aliviar o peso num cesto de papéis, quando vi um cavalheiro barbudo que me olhava com reprovação. Senti-me como devem sentir-se os assassinos de velhinhas quando se veem descobertos.

Com o meu amigo Celidônio aconteceu praticamente a mesma coisa, mas em outro terreno.

Passarinheiro, ornitólogo e ecologista de pura raça, Celidônio decidiu cooperar politicamente com um partido que defendia a natureza. Os dirigentes dessa organização o acolheram de braços abertos (vê-se que não são muitos), chegando ao ponto de prometer-lhe que lançariam a sua candidatura em não sei que eleição.

Meu amigo estava na glória, até que lhe disseram que constava do programa do partido a defesa do aborto livre (de pessoas, não de aves). Celidônio nem sequer lhes fez notar que era uma forma estranha de defender a natureza. Limitou-se a perguntar:

— Escute aí, como é que é? Para defender os pássaros é preciso matar crianças?

Celidônio foi convidado a abandonar o partido, porque, como disse um dos dirigentes, «a ideologia é um todo, que se deve aceitar e assumir em nível de militância na sua integridade programática, no marco da luta solidária por uma libertação integral — e de classe — do biótipo humano». O que, traduzido em bom português, significa:

— Olhe, Celidônio: é pegar ou largar. As ideias se vendem em lotes. É que estão em oferta, sabia?

Em resumo, está ficando difícil pensar por conta própria. As ideologias vendem as suas propostas em pacotes-surpresa blindados, que algumas vezes são pacotes-bomba. Se você se mostra favorável à nacionalização das centrais elétricas, vai descobrir — ó, maravilha — que está defendendo também o divórcio e a inversão do curso do rio São Francisco. Se quer ter Religião na escola, estará a favor da estrutura militar da OTAN, e assim sucessivamente.

Em última análise, é como se a liberdade de pensamento consistisse em escolher um entre dois ou três lotes de ideias em oferta. O triste é que as pessoas aceitam docilmente o sistema: gostam das empadas de ideias e dos croquetes ideológicos bem mastigados.

— Menina, é supercômodo. Você escolhe um e já fica sabendo o que pensar sobre qualquer coisa.

Falando sério: só Deus merece uma adesão assim tão incondicional. Só Ele pode pedir que lhe digamos que sim às cegas, com a única garantia da sua Palavra. É o que chamamos o depósito da fé, o mínimo denominador comum em que estão absolutamente de acordo os cristãos. Mas esse depósito não é um conglomerado de teses heterogêneas, e sim uma única mensagem de salvação que se deve aceitar por inteiro. Nos demais assuntos, tenhamos a coragem de pensar por conta própria.

— Está certo, mas o que aconteceu com os livros do mercado?

— Estão guardados em casa, embrulhados em celofane, e acrescentei também uma bolinha de naftalina. Agora, sim, estão em oferta.

Em meia lauda

Era verão. Fazia muito calor, e eu estava saindo de um *shopping* grande e refrigerado. De supetão, sem aviso prévio, uma voz gritou-me ao ouvido:

– Padre, qual é a sua opinião sobre a eutanásia?

Um centímetro ao sul do meu nariz brotou um microfone redondo e amarelo como um picolé de limão. Não dei uma lambida porque havia também uma câmera de televisão.

– Tem um copo de água? – respondi finalmente.
– Como?
– ...é uma mesa?

O intrépido repórter parecia perplexo.

– É que, para falar da eutanásia – continuei –, preciso de tudo isso e de pelo menos meia hora. Temos esse tempo?

– Entendo. E em duas palavras, não poderia...?
– Não. Em duas palavras, o mais provável é que só diga duas bobagens.

É verdade, não fui muito delicado. Sirva-me de desculpa a tortura a que os calores do verão submetem as minhas meninges. Mas, pensando bem, que outra coisa poderia ter respondido?

Acho que compreendo os informadores de todos os meios de comunicação (como não, se, no fundo, exerço o mesmo ofício?), e dou-me conta de que, nesta profissão, a brevidade é tudo. Mas, às vezes, exageramos.

Um famoso jornalista entrevistava um insigne oncologista:

– Em um minuto, doutor... É que o senhor sabe que no rádio o tempo é sagrado: que progressos houve nas investigações sobre o câncer nestes últimos anos?

Ignoro a cara que fez o interpelado. Mas ainda dispunha de 58 segundos:

– Bem, fizemos alguma coisa... – respondeu.

O problema não está em termos pressa, mas em termos perdido a capacidade de prestar atenção. Dizem os psicólogos que as pessoas não aguentam passar mais de dez minutos escutando sem desmaiar e que, na imprensa escrita, passar de meia lauda significa perder 80% dos leitores (se a teoria estiver certa, só a minha mãe e o meu sobrinho Jô chegaram até esta linha).

É claro que nem tudo é negativo: assim, por exemplo, tem aumentado a nossa capacidade de resistência diante da televisão. Uma dona de casa europeia aguenta sem pestanejar entre trinta e quarenta propagandas de detergentes biodegradáveis, desde que sejam apresentados antes do programa favorito.

De qualquer modo, dir-se-ia que caminhamos na direção de uma cultura em comprimidos, feita de manchetes, *slogans* e frases brilhantes. É que parece imperar a tese de que uma afirmação é tanto mais verdadeira quanto mais breve for. Tudo o que exceda meia lauda é falso ou, pelo menos, merecia sê-lo.

É dramático verificar até que ponto esta ideia «pegou». *Dar muitas explicações* equivale a não ter razão. Costuma-se identificar o simples com o verdadeiro, e pronto. Naturalmente as consequências são dramáticas, porque existem verdades muito importantes para a vida do homem que não é possível expor em duas palavras.

Ignoro se a imprensa é a causa ou a vítima de tão singular epidemia. Porém, a maior parte das mentiras que os meios de comunicação nos contam tem a sua origem nesta necessidade de abreviar. Vejamos um exemplo.

O Papa elabora uma encíclica de duzentas páginas, fruto do trabalho de dezenas de especialistas, que dedicaram anos ao assunto. Redige-se em quinze idiomas, procurando matizar até o último adjetivo. Traduz-se para o latim, que, por ser uma língua morta, é o *freezer* onde as palavras irão conservar o mesmo significado pelos séculos dos séculos. Por último, um douto eclesiástico apresenta o documento à mídia.

A partir desse instante, o texto começa a ser desintegrado por agências, emissoras e jornais. Em poucas horas fica reduzido a dez linhas e a um título que, no melhor dos casos, será pobre e inexato e, no pior, completamente falso e até distorcido.

Essa frase-resumo converte-se irremediavelmente em ponto de referência único e obrigatório de centenas de diários, de debates televisivos, de comentários radiofônicos etc. Já praticamente ninguém irá referir-se ao documento original, que muito poucos terão lido. Mas as seis ou oito palavras, que presumidamente o sintetizam, irão de colunista em colunista, de debate em debate. Haverá até quem se atreva a pontificar sobre todo o Magistério da Igreja com o único apoio de uma manchete estúpida.

— Menina, este Papa parece-me para lá de conservador. Viu o que ele falou sobre as mulheres?
— Não. Que disse?
— Ai, minha filha, já nem me lembro. Ouvi-o nalgum lugar. Mas a Igreja está super-superada, não acha?

O diálogo (garanto que é real) fez-me recordar uma velha piada da minha terra; é a história de um aldeão taciturno que volta da Missa mais tarde que habitualmente. O pároco havia feito um sermão de duas horas.
— E de que falou? – perguntaram-lhe no bar.
— Do pecado.
— Em duas horas? E que disse então?
— Que não é a favor.

Já vi manchetes piores.

As audaciosas opiniões de Jotaefe

Cada vez que ouço dizer de alguém que as suas opiniões sobre qualquer assunto são valentes ou audaciosas, ponho a mão no bolso e aposto cinco pratas com a minha sombra em que verdadeiramente audacioso seria defender exatamente a posição contrária à do intrépido em questão.

Vejamos um exemplo. O diretor de um programa de rádio entrevista um ilustre desconhecido, a quem chamaremos Jotaefe para que, na medida do possível, continue a ser desconhecido. O locutor justifica a presença de semelhante espécime assegurando que se trata de um perito no relacionamento de casais, sexualidade, famílias convencionais e famílias alternativas, e que escreveu um livro intitulado – digamos – *O casal sem tabus,* no qual se expõem as teses mais audaciosas sobre o assunto.

Onde está a audácia de tão eminente pensador é coisa que não fica esclarecida, já que a maior parte das suas opiniões se mostra tão vulgar como os seus próprios vícios. No entanto, à medida que o programa avança, compreende-se que realmente merece o título de perito, já que foi solteiro, casado, separado, divorciado, recasado, juntado, desjuntado, reincidente e liberado. Por isso, pode ser considerado um verdadeiro *Master* em estados civis, embora o seu, mais que civil, pareça criminal.

No fim da entrevista, por razões que ignoro, Jotaefe converte-se em conselheiro matrimonial, e começam as chamadas telefônicas dos ouvintes.

Abre fogo uma senhora chamada Vicky, que, depois do padronizado «parabéns pelo seu programa», desabafa:

– Veja o senhor. Tenho 65 anos, quatro filhos e dois netos, e, sem querer ofender, isso que o senhor diz parece-me uma grande canalhice.

Não se exprime mal a senhora. Um pouco contundente talvez, para o meu gosto; mas, em linhas gerais, é sensato tudo o que diz. E o que ela diz, sim, é que é realmente audaz. Porque é preciso ter mais coragem que a Betty Friedan para defender pelo rádio que a sexualidade é um dom de Deus que nos torna capazes de amar como seres humanos, numa entrega total e fecunda; para dizer que trivializar o sexo é degradá-lo, que a fidelidade é uma virtude e não falta de imaginação; e que, quando alguém fracassa tão completamente na sua própria vida afetiva, o melhor que tem a fazer é ficar calado e não querer dar lições a ninguém.

Por um momento, faz-se silêncio. O pensador pensa (ou será que soluça?). Em seguida afirma que entende a dona Vicky; que no país ainda existem sequelas de uma repressão de séculos, mas que se deve ter a audácia (e lá vai de novo a mesma cantilena!) de romper com o passado.

Ao chegar a este ponto, a minha capacidade de resistência às trivialidades rompe-se estrepitosamente, e decido desligar o televisor.

Declino da oportunidade de polemizar com tamanho *expert*. Mas será que alguém poderia explicar-me em que consiste a suposta audácia de Jotaefe?

A verdade é que o personagem parece antes docilmente submetido ao que se deu em chamar ideologia dominante, que, cá entre nós, não é outra coisa senão a moda intelectual da temporada: uma moda desenhada não sei por que estilista, mas que se propaga a velocidades supersônicas pelo mercado das ideias elementares, apresentando-se a si mesma com caráter obrigatório: não se limita a informar-nos sobre o que se pensa neste outono/inverno, mas o que se *deve pensar*, sob pena de ficarmos – Deus não o permita! – defasados, deslocados, superados, arcaicos ou caducos.

O poder desta moda é surpreendente: se você a seguir pelegamente, ninguém o chamará de pelego, como pareceria lógico. Pelo contrário: o mais provável é que, nas passarelas da alta costura intelectual, seja qualificado de *audacioso, provocante, escandaloso, valente e intrépido pensador contemporâneo,* coisas todas que produzem um prazer embriagador.

Ao contrário, ser respondão e tratar de pensar por conta própria é uma decisão arriscada. Num instante afixam-lhe uma etiqueta de grosseiro, conservador, covarde e provavelmente *fascista,* adjetivo de muito efeito, que ninguém mais sabe o que significa e que provavelmente equivale a «mau» ou «feio».

– Mas, então, o que é melhor: ser covarde e vestir a última moda intelectual, para ser chamado valente, ousado e provocador, ou ser realmente audaz e arriscar-se a nadar sempre contra a corrente?

– Nem uma coisa nem outra. O melhor é mandar todos os estilistas de modas irem plantar batatas e buscar a verdade onde estiver. Depois, quando julgar que a encontrou, ponha-a à prova: seja você mesmo o seu principal crítico e, se resistir, não a enfie na cabeça como um capacete blindado nem se sente sobre ela para pontificar. Não a penteie nem a maquile, porque a verdade não precisa de adornos. Tenha mais fé nela do que na sua capacidade de expô-la. E se alguém a quiser desqualificar aplicando um rótulo a você, considere-se admitido no clube dos que, ajudados pela graça de Deus, procuram pensar por conta própria.

9. Fundo de baú

Encontraram acolhida neste capítulo uma série de artigos que fui escrevendo ao compasso dos acontecimentos. Não digo «ao fio da atualidade» porque me parece mero kitsch *radiofônico; além disso, nenhum deles tem relação com as notícias que em determinado momento eram manchete dos jornais; «saíram-me» inesperadamente, em função de acontecimentos ou circunstâncias do calendário.*

Assim, em dezembro, tropecei com um estranho mendigo vestido de espantalho que, se continuasse a ouvi-lo um pouco mais, me daria matéria para escrever um conto de Natal. Chegou julho e pareceu-me oportuno falar das férias. Fiz uma parada num povoado da Andaluzia e conheci Manolito, um incrível jogador de basquete. Por fim, fui a Las Palmas, para ministrar um curso de formação para universitários, e descobri Mariemma e seu gru-

po, graças a um programa que ouvi no rádio. Fui vê-las no ano passado e continuam ali, alegrando as manhãs de quarta-feira dos seus milhares de ouvintes.

Como passar umas férias realmente terríveis

Há uns tempos, numa aula de Moral, uma aluna fez-me com certa ironia a pergunta que deu origem ao título deste artigo. Dei-lhe a minha resposta em tom de brincadeira, mas, com a chegada do verão, decidi passá-la a escrito e publicá-la. Logo depois – vejam como são as coisas – vi que alguém havia traduzido o artigo para o catalão.

Ficou muito melhor, naturalmente.

1. Faça como os gansos selvagens: una-se ao bando migratório mais numeroso que encontrar e fuja de tudo, menos da multidão. Faça sempre o que fizer a maioria, porque a maioria nunca se engana. Não renuncie ao prazer das aglomerações nem dos engarrafamentos. Por que privar-se do inolvidável bodum de metrô?

2. Seja forte. Que ninguém o arranque do seu firme propósito de não fazer absolutamente nada até março. Siga o exemplo do *andorinhão australiano,* a ave mais preguiçosa do planeta, que não sai do lugar nem para comer: limita-se a permanecer pousado num galho, abrir a boca

enorme e deixar-se alimentar pelos insetos suicidas, que chegam até o seu estômago para dar uma olhadinha. Faça você o mesmo: pegue o seu pacote de *Ruffles* e mimetize-se na areia.

3. Isole-se. Nada como uma boa multidão para conseguir fazer isso sem esforço. Tape os ouvidos com fones e massageie os tímpanos com o estrondo da música a todo o volume.

4. Não leia nada. Não aprenda nada. Deixe o seu cérebro em repouso letárgico durante todo o verão. Com um pouco de sorte, em março estará sofrendo de uma atrofia total e irreversível.

5. Tenha à mão o maior número possível de vídeos: menos de duzentos seria perigoso; você poderia cair na perigosa tentação de visitar um amigo doente.

6. Acorde tarde. Pense que, quanto mais dormir, mais breve lhe parecerá o tormento das férias. O ideal seria permanecer em estado catatônico o verão inteiro; porém, como não é possível, levante-se devagarinho; não corra riscos, pois o infarto nos espreita onde e quando menos o esperamos.

7. Não vá à praia para tomar banho de mar, e muito menos para nadar, mas para fritar-se em óleo bronzeador. É doloroso – os antigos ascetas do deserto não suportavam penitências tão duras –, mas seja tudo por amor ao bronzeado!

8. Ao anoitecer, imite de novo os andorinhões que, como bem sabem os ornitólogos, entram em ação nessas horas: devoram toda a espécie de larvas e insetos e terminam a jornada com gritos lastimosos. Segundo os nativos, esses gemidos anunciam catástrofes, mas parecem antes resultado da má digestão.

9. Em resumo: não negue nada aos seus sentidos nem conceda nada à sua inteligência. Que a geladeira seja a sua amiga inseparável; a televisão, o seu alimento e o seu objetivo... E os outros – a família, os amigos –, meros pontos de referência, objetos descartáveis.

10. Não se esqueça de aproveitar o verão para mexericar com todo o mundo. Nada lhe alegrará tanto a existência como descarregar um pouquinho de veneno nos seus inimigos(as) íntimos(as). E não pense que fofocar é coisa de mulheres. Estamos numa sociedade igualitária, e a liberdade de expressão é um direito de todos.

11. E Deus...? Sinto muito, mas não sou capaz de levar a ironia até as últimas consequências. Nem por brincadeira poderia aconselhá-lo a pôr Deus em naftalina e guardá-lO junto da roupa de inverno. Porém, se de verdade você quiser passar as férias mais tristes da sua vida, basta-lhe seguir o exemplo de tantos milhares de pessoas que, nessas épocas, fogem descaradamente de Deus. Parecem-se com esses outros que, de vez em quando, escapam do que em teoria mais amam – da esposa, dos filhos –, em busca de um «desafogo», de um descanso.

A estes e aos que pensam que o verão pode ser um parêntese na sua fé, teria de recordar-lhes que quem tem necessidade de descansar dos seus amores, é porque não sabe amar. O amor é o melhor descanso para a alma e para o corpo. E Cristo quer encontrar-se conosco também na praia, onde um dia comeu peixe na brasa com os seus discípulos, ou na montanha, onde certa tarde organizou a grande refeição dos pães e dos peixes.

A mesa-redonda
de Mariemma

Recordo-me perfeitamente da data e da «hora: foi a 8 de janeiro de 1992, doze minutos depois do meio-dia. Eu estava em Las Palmas das Canárias e tinha começado a ler um livro. Alguém deixou um rádio ligado, e lá no fundo podiam-se ouvir umas vozes femininas. Era uma mesa-redonda informal, em alguns momentos um tanto anárquica.

Pelo visto, a diretora do programa ainda não havia chegado à emissora, e as outras duas participantes, Zoraida e Juanita, estavam no comando e procuravam explicar aos ouvintes que Mariemma (a chefe) estava comemorando as suas bodas de prata e que, dada a agitação familiar, provavelmente se atrasaria um pouco. Nesse meio-tempo, começaram a consumir minutos falando de como é maravilhoso fazer 25 anos de casado, dos filhos, das brigas conjugais etc.

De repente, começou-se a ouvir no fundo uma voz melodiosa e bem definida.

– Chegou a Mariemma – anunciou Juanita...

E um cordial estrépito radiofônico, feito de beijos, espaventas e felicitações, entrou de vez no meu quarto.

Poucas vezes me senti tão bem. Mariemma, Zoraida e Juanita falaram do divino e do humano: do trânsito da cidade, que estava melhorando; da nuvem de pó que estava vindo do deserto do Saara; dos problemas do casamento; de uma filha de Mariemma que estudava em Pamplona (e que por sinal ligara, aproveitando a conjuntura); de como se reza bem o terço enquanto se dirige; da maravilha que é a Confissão sacramental; da alegria de ter muitos filhos e dos problemas dos colégios... E tudo isso sem alterar o tom de voz, entre anedotas, gargalhadas, telefonemas... e muita, muita publicidade.

Dias depois, voltei a Madri. Mas não me esqueci de que às quartas-feiras, na FM 99.8, em Las Palmas, havia algo insólito que valia a pena ouvir.

Voltei lá recentemente, e o programa continua no ar. Disseram-me que é o de maior audiência. Fui ver as debatedoras em ação, tirar umas fotos e perguntar-lhes pelo seu segredo. Disseram que não sabiam. Pois então, eu vou explicá-lo.

Os ouvintes do rádio assistem a dezenas de mesas-redondas, das quais participam os espécimes mais estranhos do planeta. Não me refiro, neste caso, aos bate-papos políticos (que também são coisa fina), mas a outros: a esses que parecem nutrir-se de personagens saídos de algum zoológico surrealista – um ateu com ojeriza pelo clero e obsessão pelo Vaticano; um «especialista» em mexericos, com voz de soprano e risada histérica; um cocainômano confesso; um «vidente» míope; duas feministas selváticas; um vegetariano adepto da erva; uma suposta escritora, famosa pela sua pornografia etc.

De que será que falam tão ilustres personagens? Geralmente, dos seus complexos. E fazem isso com tal naturalidade que acabam por trivializar os vícios mais torpes e as afirmações mais «intrépidas». À hora de opinar, o que agrada, pelo visto, é que os convidados não se contenham, que quebrem moldes cuspindo afirmações estranhas e teses insólitas, quanto mais desconcertantes, melhor. Sobretudo se vierem adubadas com algumas grosserias e um par de «audaciosas» irreverências. E, naturalmente, que haja tumulto: que os participantes se digladiem; que se insultem, porque para isso estamos numa democracia. Essa parece ser a meta dos moderadores de alguns programas.

No meio de semelhante paisagem, Mariemma e as suas colaboradoras são uma apoteose de normalidade. São três mulheres impudicamente normais, que não precisam mergulhar em assuntos de tubulações sexuais para falar de amor, de fecundidade, de entrega; que não revolvem o lixo, próprio ou alheio; que não amargam a própria vida; que não têm nenhum complexo, nem sequer de ser cristãs. E mais: consideram que os Sacramentos, a oração, a fé, a esperança e a caridade não devem ser tabus numa conversa civilizada, porque, no fundo, são muito mais habituais que os preservativos ou as seringas.

Mariemma, Juanita e Zoraida têm uma só linguagem, uma só música e uma só invejável desvergonha para falar do prefeito, da greve dos ônibus, da Quaresma, dos táxis, do nascimento de Jesus em Belém, das estreias teatrais e do amor pela Igreja. No começo desconcertam um pouco, mas logo se percebe que o segredo dessas três mulheres está em que, além do talento, têm uma só vida, e não se sentem capazes de esquartejá-la quando se põem diante de um microfone. Falam de Deus porque querem, e sai-lhes sem querer.

Bem gostaria eu de fazer o mesmo que elas. E, ainda por cima, com publicidade.

Confissões de uma estátua

– Padre, o senhor poderia dar-me algo para comer?
Eu estava caminhando apressado, e voltei a cabeça sem me deter. Vi atrás uma cara branca e brilhante como um túmulo caiado, uns olhos esbugalhados, emoldurados em preto, o nariz rosado de vermelhão e os lábios rubros de marionete ou de palhaço.
– De que está vestido? – perguntei-lhe, enquanto me refazia do susto.
– De espantalho.
Pôs-se ao meu lado e caminhamos juntos. Ele, saltitando como um palhaço de feira. Eu, procurando acertar o meu passo pelo dele. Disse-me o nome, que não revelarei, e contou-me que estava voltando para casa esgotado: tinha ficado imóvel, fingindo ser um espantalho, na rua.
– Bem ali, naquela esquina. O senhor sabe, padre, onde houver dinheiro. Alguém me disse que o que faço é uma graça. Quem sabe... Desde que consiga uns tostões...
Contou-me o fantoche que, desde que parou de ter um emprego, não tinha parado. Primeiro, começara vendendo lenços de papel aos motoristas, até que chegou o marroquino que, aparentemente, controla o negócio nos semáforos e o pôs para fora. Depois, sentou-se no chão,

perto de uma confeitaria, com um cartaz: dizia que estava doente e que tinha três filhos.

— Mentira, é claro, mas a gente precisa viver. A princípio, dava-me vergonha; pensava que podia ser reconhecido; mas as pessoas não olham para os mendigos.

— Não lhe davam esmola?

— Sim, dinheiro conseguia algum; mas, para a sua cara, ninguém olha. Dá pra perceber que lhes corta a respiração aguentar o olhar de quem tem fome.

O meu amigo dizia-me estas coisas por detrás da sua máscara branca, com os lábios pintados de vermelho-gargalhada e entre gestos convulsivos um tanto falsos, como se, de verdade, acreditasse no seu papel de fantoche.

Entramos numa lanchonete.

— Mas você tem estudos...

— Fiz o colegial e o vestibular. Ia ser ator, e à minha maneira já o sou. Era por isso que queria que me olhassem nos olhos: um artista precisa da atenção do público. Vesti-me de espantalho para ver se tinha mais êxito; mas foi pior.

— Pior? Se agora mesmo você está dando um espetáculo! Não pode dizer que não olham para você.

— Sim. Estão vendo um boneco, um brinquedo, uma coisa... Aquela senhora lá no fundo está tentando ver melhor as minhas meias de bolinhas; o sujeito do café com leite está bastante intrigado com os lenços coloridos que me saem do bolso. E se alguém olha para a minha cara, fica na maquiagem. Não vê que olhos de turista têm quando me observam? É verdade que fiz de propósito, mas garanto que é muito triste ter de converter-se numa coisa para chamar a atenção.

* * *

Tenho permissão do espantalho para contar somente esta parte da nossa conversa. Diante de um café com leite e um pedaço de bolo, em pleno centro de Madri, batemos papo por mais de meia hora. Cada um com o seu próprio uniforme: eu, de sacerdote, e ele, de boneco. Tivemos sorte: ninguém nos tirou uma foto.

Falamos da Eucaristia. As considerações do meu amigo levaram-me como que pela mão a falar desse grande Mistério de amor e de humildade.

– Jesus também quis ser uma coisa no meio de nós – disse-lhe. – Para não nos assustar, correu o risco de que O olhássemos sem a menor paixão: com indiferença; como se olha um objeto, um pedaço de pão. E nós somos tão míopes que nem sequer conseguimos descobrir, por detrás dessa maquiagem divina, a febre dos seus olhos enamorados ou o bater do seu coração impaciente.

Agora que o Natal está próximo, quis evocar este episódio, já um pouco antigo, porque talvez seja um bom momento para aprendermos a olhar os outros nos olhos: os pobres – tão numerosos! – que nos amargam a existência; os migrantes de todos os sotaques; os desempregados, os que sofrem por qualquer razão. Continua a doer-me a afirmação do espantalho: ninguém olha para os mendigos; ninguém aguenta o olhar de alguém que tem fome. Sim, é difícil resistir ao olhar de Cristo.

* * *

Passados uns dias, tornei a ver o meu fantoche. Estava em outra esquina, subido num caixote. Tinha uma batuta na mão direita e parecia reger uma orquestra invisível. Olhei-o nos olhos; mas aqueles olhos não se deixavam olhar: eram de mármore, como o resto do corpo. Tive que chamá-lo pelo nome para desfazer o encantamento. Viu-me e, sem mover um músculo, ainda não sei como, dedicou-me um sorriso de palhaço.

O tênis

A caminho de Madri, detive-me neste verão numa cidade andaluza para visitar o Manolo, um velho amigo da faculdade, a quem não via fazia muitos anos. Encontrei-o casado e com quatro filhos.

– Tenho um problema com o mais velho – disse-me durante o jantar.

A julgar pelo seu tom de voz e pelo sorriso cúmplice de sua mulher, o problema não parecia muito grave. De modo que o animei a contá-lo.

O mais velho chama-se Manolito, está no primeiro ano da faculdade, tem 1,98m de altura, calça 47 e joga basquete num time dos importantes. Não dou outros dados, não seja que alguém o identifique.

Quando terminou o colegial, o pai prometeu-lhe que, se tirasse mais de 130 no vestibular, lhe daria de presente aquele tênis marca não-sei-quê pelo qual o filho suspirava há tempo e que custava os olhos da cara. Manolito, segundo conta o pai, além de estudioso, saiu à mãe e é quase tão esperto como ela. Portanto, tirou 140, e não houve outro remédio senão ir à loja de calçados.

Era uma tarde de sábado, e entraram num *shopping*. Quando saíram, pai e filho foram à Missa, porque no dia seguinte Manolito iria jogar e precisava levantar-se muito cedo.

– À porta da igreja – continuou Manolo – estava estendido como uma lagartixa o mendigo mais comprido e mais raquítico que jamais vi na minha vida. Com o calor que fazia, estava sem camisa e descalço. Eu logo pressenti alguma coisa quando vi que o rapaz ficou olhando fixamente para o homem... Bem, entramos, assistimos à Missa e, depois de comungar, Manolito me disse: «Olhe, papai, posso dar o tênis novo ao mendigo?»

O gesto do meu amigo, entre orgulhoso e indignado, era um poema.

– E...?

– Não sei, rapaz. Quase o matei. Mas, claro, ali, no meio da igreja, apanhou-me no contrapé. De modo que respondi: «Acha que lhe servem?» Manolito interpretou aquilo à sua maneira e saiu em disparada... Serviam!

Pus-me a rir.

– E qual é o problema?

– Qual é...? Pois é evidente: os quatrocentos paus que me custou o tênis, o rapaz com esses ataques de generosidade com o dinheiro do seu pai... e agora a mãe, que amoleceu e diz que tenho de comprar-lhe outro como prêmio.

Terminou o seu arrazoado com algumas palavras mais sonoras, afirmando que iria comprar um par de chuteiras para treinar no traseiro do filho.

No final, pediu a minha opinião, e eu a dei. Disse-lhe que o Manolito não fora generoso com o dinheiro do pai, mas com o próprio, ou seja, com o seu tênis novo; que tinha um filho maravilhoso e que eu, no lugar dele, não lhe compraria outro.

– É Deus quem deve pagar-lhe pela sua generosidade, não você. Não lhe antecipe a recompensa, seria pregar-lhe uma peça: algo como apropriar-se de um mérito que é somente dele. Poderá dá-lo mais pra frente... Digamos no ano que vem.

– Isso mesmo – arrematou Manolo –, quando tiver subido de preço!

* * *

Contei este episódio três vezes, e nas três ocasiões aconteceu-me uma coisa inusitada: fui interrompido (garanto-lhes que nunca me havia acontecido antes) no meio de duas homilias e de uma palestra.

A primeira vez foi no colégio em que trabalho. Nem tinha acabado de dar a minha opinião, no sentido de que não era preciso comprar outro tênis para o rapaz, quando uma professora que estava na última fileira gritou:

– Pois eu compraria a loja inteira para o menino!

A duras penas consegui retomar a palestra, não sem antes reafirmar a minha posição.

Poucos meses mais tarde, durante o tríduo de Natal, contei a mesma história num pequeno oratório em Las Palmas. Imediatamente, uma senhora, tão simpática como impertinente, tornou a interromper-me para dizer que, sem dúvida, se deveria recompensar o Manolito.

De novo retomei o fio da exposição, e de novo me mantive na minha, talvez com menos convicção.

Tudo isto levou-me a colocar a experiência por escrito. E já que ultimamente venho recebendo mensagens a respeito destes artigos, apreciaria que os meus interlocutores habituais – Isabel, de Barcelona; Asier, de Leioa; Paulo, de Valência; padre Inácio, de Cracóvia... – me dessem a sua opinião. Vamos ver se transformamos esta seção num espaço interativo (que não sei o que significa, mas soa muito bem).

Por sinal, não lhes contei a terceira interrupção. Foi numa aula de Moral, com as alunas do terceiro ano. Neste caso, não foi mais que um suspiro. Eu estava descrevendo o Manolito – alto, desportista, generoso, inteligente... – quando a Thaís deixou escapar:

– O senhor não teria uma foto dele, para que possamos fazer uma ideia?

Direção geral
Renata Ferlin Sugai

Direção editorial
Hugo Langone

Produção editorial
Gabriela Haeitmann
Juliana Amato

Capa
Gabriela Haeitmann

Diagramação
Sérgio Ramalho

ESTE LIVRO ACABOU DE SE IMPRIMIR
A 25 DE AGOSTO DE 2022,
EM PAPEL PÓLEN NATURAL 70 g/m².